시편설교 시리즈(1)

복 있는 사람

시편 1편 강해설교

Sermons on the Psalms(1)

Blessed is the man

by

Nam Sik Kim

Haneul Christian Book House
Seoul, Korea
2025

惠江文集・85

시편설교 시리즈 (1)

복 있는 사람

Blessed is the man

부정의 삶(시편 1:1)

시편 1편 강해설교

행동의 삶(시편 1:3)

궁정의 삶(시편 1:2)

안정의 삶

김남식 지음

하늘기획

책 머리에

어릴 때부터 시를 좋아하여 시를 읽고 시를 쓰면서 한 평생을 보냈습니다. '시인'이란 남들이 알아주지 않는 명찰을 단 지도 반세기가 지났습니다.

이런 삶의 바탕에는 어릴 때부터 읽어 온 성경의 '시편'이 있습니다. 처음에는 '짧아서' 읽었는데 그것이 삶이 되어 수백 번을 읽었습니다.

어느 때부터인가 '시편'에 대한 나름대로의 계획을 세웠습니다. 첫째는 '시편강해'입니다. 극동방송의 요청으로 《김남식의 시편 묵상》이란 제목으로 매주 토요일과 주일 새벽에 4년간 방송하였습니다. 시편을 1년간 묵상할 수 있도록 366회로 나누어 강해했습니다. 이것들을 일일이 원고지에 썼습니다. 1회 방송 분량이 200자 원고지 16장씩 되게 정확하게 썼습니다. 방송이 끝나고 보니 방대한 양의 원고가 되었고 오랜 세월 후에 책으로 엮으니 각각 750면 분량의 《김남식의 시편 묵상》 2권이 책으로 빛을 보았습니다. 이 작업을 위해 국내외의 시편강해서들을 모으기 시작하였고, 이것들이 연구실의 서가 하나를 채우고 있습니다.

둘째는 '시편 찬송가'를 만드는 작업입니다. 전통적인 개혁교회들은 예배 때에 시편을 찬송합니다. 이것을 한국교회에 정착시키기 위해 뜻을 같이하는 사람들과 힘을 모아 이루어내었습니다.

셋째는 시편을 시(詩)로 쓰는 일입니다. 이것은 성경의 사역(私譯)이 아닙니다. 저자가 구약신학자가 아니기에 시편의 오묘한 신학적 의미보다 시편의 음률을 보다 쉽게 접할 수 있게 시화(詩化) 작업을 하였습니다.

넷째는 저자가 작사한 찬송시로 한 권의 〈찬송가〉를 발간하는 일입니다. 그동안 100편의 찬송시를 작사하여 《혜강 김남식 찬송가집, 내 영혼아 찬양하라》를 엮어 작곡가들에게 작곡을 의뢰하였습니다.

다섯째는 시편 설교집의 간행입니다. 저자가 교회 사경회에서 강론한 것을 그대로 녹취하여 〈시편설교 시리즈〉를 간행합니다.

시편에 대한 나의 사랑이 이렇게 나타났습니다. '시로 쓴 시편'은 성경을 변개하려는 것이 아니라 생활화하려는 열망의 산물입니다.

이 설교집은 2024년 6월 29, 30일에 경남 양산시 물금읍에 있는 '사랑이 흐르는 교회' 설립 기념특별사경회에서 강론한 것을 그대로 녹취한 것입니다. 녹취한 것이기에 구어체가 되어 어색한 부분도 있음을 양해하시기 바랍니다.

옛 시인들이 노래했듯이 시편을 통해 온 정성드려 주님을 찬양하려합니다. 시편의 주인이신 하나님 홀로 영광받으소서.

시편의 놀라운 향기 속에서

혜강 **김남식**

Contents

책머리에 5

제1강 ● 부정의 삶(시편 1:1)   19

Ⅰ. 악인의 꾀를 부정하는 삶   33
  1. 악인의 의미   34
    (1) 하나님의 율법을 무시하는 자   35
    (2) 의인과 대립되는 존재   35
    (3) 연단의 도구   37
  2. 악인의 꾀   40
Ⅱ. 죄인의 길을 부정하는 삶   41
  1. 죄인의 의미   42
    (1) 반역자   43
    (2) 불법자   43
    (3) 푯대에 어긋난 자   44
  2. 죄인의 길   45
Ⅲ. 오만한 자의 자리를 부정하는 삶   48
  1. 오만한 자의 의미   49
  2. 오만한 자의 자리   51
결론   54

제2강 ● 긍정의 삶(시편 1:2)   61

Ⅰ. 율법을 긍정하는 삶   63
  1. 율법의 의미   63
  2. 율법이 즐거움이 되는 삶   65

(1) 좋아한다 　　　　　　　　　　　　　　　　65
　　(2) 관심을 갖는다 　　　　　　　　　　　　　　66
　　(3) 소원한다 　　　　　　　　　　　　　　　　68
Ⅱ. 주야로 율법을 묵상하는 삶
　1. 묵상의 의미 　　　　　　　　　　　　　　　　69
　　(1) 탄식한다 　　　　　　　　　　　　　　　　69
　　(2) 소리를 낸다 　　　　　　　　　　　　　　　70
　　(3) 꾸민다 　　　　　　　　　　　　　　　　　70
　　(4) 숙고한다 　　　　　　　　　　　　　　　　70
　2. 묵상의 시기 　　　　　　　　　　　　　　　　72
　　(1) 습관적으로 　　　　　　　　　　　　　　　72
　　(2) 매일 정한 시간에 　　　　　　　　　　　　72
　　(3) 밤중에 깨어서 　　　　　　　　　　　　　　73
　3. 묵상의 태도 　　　　　　　　　　　　　　　　76
　　(1) 깊이 생각하는 태도 　　　　　　　　　　　76
　　(2) 사랑하는 태도 　　　　　　　　　　　　　　77
　　(3) 갈망하는 태도 　　　　　　　　　　　　　　78
　　(4) 율법의 단맛에 빠지는 태도 　　　　　　　80
결론 　　　　　　　　　　　　　　　　　　　　　　81

제3강 ● 형통의 삶 (시편 1:3) 　　　　　　　　89

Ⅰ. 생명의 삶 　　　　　　　　　　　　　　　　　　90
　1. 율법은 하나님 자신 　　　　　　　　　　　　96
　2. 율법은 예수 그리스도 　　　　　　　　　　　97
　3. 율법은 하나님의 말씀 　　　　　　　　　　　97
　　(1) 감사의 훈련 　　　　　　　　　　　　　　　99
　　(2) 감사의 표현 　　　　　　　　　　　　　　104
　　(3) 감사의 실천 　　　　　　　　　　　　　　105

Ⅱ. 결실의 삶 105
   1. 생명의 작용 106
   2. 믿음의 열매들 108
Ⅲ. 아름다운 삶 109
   1. 형통의 삶 110
   2. 열매 맺는 삶 111
결론 114

제4강 ● 악인의 삶(시편 1:4)   119

Ⅰ. 쫓기는 삶 121
   1. 결과론으로서의 복 122
   2. 하나님이 가르치는 원리 123
   3. 악인의 삶 125
Ⅱ. 불안정의 삶 131
   1. 생명이 없음 132
   2. 무게가 없음 132
Ⅲ. 버림당하는 삶 133
   1. 바른 예배 136
   2. 주일성수 136
   3. 십일조 137
결론 140

제5강 ● 구별의 삶(시편 1:5)   145

Ⅰ. 심판 앞에 서지 못하는 사람 152
   1. 심판의 필연성 153
   2. 심판대 앞에 서지 못함 161
   3. 심판의 결과 167

        (1) 그들의 죄목 167
        (2) 그들의 삶 168
        (3) 그들의 끝 170
    Ⅱ. 의인의 모임에 들지 못하는 삶 172
        1. 하나님의 공회 173
            (1) 지정받아 모인 회중 173
            (2) 중생한 성도들의 모임 175
        2. 신약교회 운동 179
        3. 신령한 하나님 나라 운동 181
    결론 182

제6강 ● 인정의 삶(시편 1:6) 189

    Ⅰ. 인정의 삶 190
        1. 하나님의 인정 190
            (1) 믿음으로 살았다 191
            (2) 역경 가운데 하나님을 바라봅니다 192
            (3) 상 주심을 바라봄 194
        2. 사람의 인정 195
            (1) 진리의 말씀을 바르게 분별 195
            (2) 헌신의 역사 196
    Ⅱ. 멸망의 삶 197
        1. 마지막 날의 멸망 197
        2. 이 세상에서의 멸망 198
            (1) 뿌리가 없기 때문 198
            (2) 평안이 없기 때문 198
            (3) 소망이 없기 때문 199
    결론 199

제일권 제1편

1 복 있는 사람은 악인들의 꾀를 따르지 아니하며 죄인들의 길에 서지 아니하며 오만한 자들의 자리에 앉지 아니하고
2 오직 여호와의 율법을 즐거워하여 그의 율법을 주야로 묵상하는도다
3 그는 시냇가에 심은 나무가 철을 따라 열매를 맺으며 그 잎사귀가 마르지 아니함 같으니 그가 하는 모든 일이 다 형통하리로다
4 악인들은 그렇지 아니함이여 오직 바람에 나는 겨와 같도다
5 그러므로 악인들은 심판을 견디지 못하며 죄인들이 의인들의 모임에 들지 못하리로다
6 무릇 의인들의 길은 여호와께서 인정하시나 악인들의 길은 망하리로다

대한성서공회 〈성경개역개정판〉

1 복 있습니다, 이런 사람은! 그는 악인들의 의논 따라 걷지 않습니다. 죄짓는 사람들의 길에 서지 않습니다. 비웃는 사람들의 자리에 앉지 않습니다.
2 여호와의 가르침에 자신의 기쁨을 두고서, 여호와의 가르침을 낮이든 밤이든 소리 내어 읽습니다.
3 물길 곁에 심은 나무와 같아서 철 따라 열매를 맺고 잎사귀가 마르지 않습니다. 무엇을 하든지 잘됩니다.
4 악인들은 그렇지 않고, 바람에 흩날리는 겨와 같습니다.
5 이런 까닭에 악인들은 심판을 견디지 못하고, 죄짓는 사람들은 의인들의 무리에 들지 못합니다.
6 여호와가 알고 계시거든요, 의인들의 길은. 그러나 악인들의 길은 사라질 것입니다.

대한성서공회 〈새한글 성경〉

1 복되어라.
악을 꾸미는 자리에 가지 아니하고
죄인들의 길을 거닐지 아니하며
조소하는 자들과 어울리지 아니하고,
야훼께서 주신 법을 낙으로 삼아
밤낮으로 그 법을 되새기는 사람.
그에게 안 될 일이 무엇이랴!
냇가에 심어진 나무 같아서
그 잎사귀가 시들지 아니하고
제 철 따라 열매 맺으리.
사악한 자는 그렇지 아니하니
바람에 까불리는 겨와도 같아.
야훼께서 심판하실 때에
머리조차 들지 못하고,
죄인이라 의인들 모임에
끼지도 못하리라.
악한 자의 길은 멸망에 이르나,
의인의 길은 야훼께서 보살피신다.

대한성서공회 〈공동번역〉

1 복있어라. 그대여
　죄악을 꾸미는 자들의 자리에 가지 아니하고
　죄짓는 자들의 망할 길을 거닐지 아니하며
　비웃는 사람들과 어울리지 않고
2 오직 여호와께서 주신 말씀을 기쁨으로 삼아
　밤낮으로 그 말씀을 되새기는 그대,
3 그에게 안 될 일이 무엇이랴.
　냇가에 심기어진 나무 같아서
　그 잎사귀가 마르지 않고 제 철따라 늘 열매 맺을 것입니다.
4 악한 자는 그렇지 않으니
　바람에 흩날리는 먼지와도 같은 그들입니다.
5 여호와께서 심판하실 때에 이들은 머리조차 들지 못하고
　죄인이라 의인들 모임에 끼지도 못할 것입니다.
6 악한 자의 종착지는 깊은 멸망이나
　그대의 길은 여호와께서 보살피나니.
　복있는 자여.

김남식 〈시로 쓴 시편〉

제1강

부정의 삶

제1강

부정의 삶

시편 1편 1절.
복 있는 사람은 악인들의 꾀를 따르지 아니하며
죄인들의 길에 서지 아니하며 오만한 자들의 자리에 앉지 아니하고

오늘과 내일 이틀 동안 '복 있는 사람'을 주제로 사경회를 하려고 합니다. 이 주제를 가지고 시편 1편을 6번에 걸쳐서 사경하고 성경을 연구하도록 하겠습니다.

그리스도인들이 이 땅에 살아갈 때 중요한 것은, 우리가 하나님의 말씀을 바로 해석하고 이 말씀을 우리의 삶에 바로 적용하는 것입니다. 시편 말씀은 우리에게 소중합니다. 그래서 시편을 여러 가지로 표현할 수 있는데 저는 '땅에서 부르는 하늘의 노래'라고 표현합니다.

제가 이 시편을 제일 많이 연구하고 집중하고 있습니다. 오래 전에 극동방송에서 이 시편을 강의해 달라는 부탁을 받아서,

4년 동안 매주 토요일과 주일 새벽에 〈김남식의 시편 묵상〉이란 주제로 방송을 했습니다. 그 방송을 하고 난 후에, 오랜 세월이 흘렀는데 출판사를 운영하는 어느 장로님이 오셔서 "목사님 시편 원고, 출판합시다" 하기에 "출판하자고? 그럼 해라"고 허락하고 나니까. 요새는 출판이 잘 안 돼서 인세를 못 드리고 그 대신에 책으로 주겠다고 했습니다. "그래 그렇게 해라." 그래서 750페이지짜리 두 권으로 모두 1,500페이지가 출판되었습니다. 그런데 이 책의 특징이 무엇인가 하면 시편을 366 토막을 내서 새벽 기도 시간이나 개인 큐티 366일 사용할 수 있도록 했습니다. 그런데 누가 물었습니다. "365로 하지 왜 366으로 했어요?"라고. "아, 그럼 윤년 일 때면 어떻게 해." 그렇습니다. 윤년을 염두에 두고 366토막을 내서 했습니다. 그래서 많은 교회에서 새벽 기도 시간에 그걸 활용하고 있어요. 다 똑같이 200자 원고지 16장씩으로 썼습니다. 저는 지금도 컴퓨터 안 쓰지만 그 때에도 볼펜으로 원고지에 글 쓰는 사람으로, 제가 좀 별난 사람입니다. 저는 핸드폰이 없고, 신용카드도 안 쓰고, 컴퓨터도 안 쓰는 원시인입니다.

그래서 이 시편을 제가 그런 식으로 탐구했습니다. 그 다음 두 번째 한 것이 무엇인가 하면, 시편 1편부터 150편까지를 제가 시(詩)로 새로 썼습니다. 저는 구약 신학자가 아니기 때문에 사역(私譯) 즉, 개인 번역이 아니고 리듬과 운율을 따라서 시로 새로 쓴 게 1편부터 150편까지를 썼습니다.

여기서 보면 시편 1편을 어떻게 제가 시로 썼는가 하면, 시편 1편의 제목이 '복 있어라 그대여' 이렇게 나갔습니다. 여기 '복 있는 사람은' 그렇게 나가는데 나는 다음과 같이 시화(詩化) 했습니다.

> 복있어라. 그대여
> 죄악을 꾸미는 자들의 자리에 가지 아니하고
> 죄짓는 자들의 망할 길을 거닐지 아니하며
> 비웃는 사람들과 어울리지 않고
> 오직 여호와께서 주신 말씀을 기쁨으로 삼아
> 밤낮으로 그 말씀을 되새기는 그대,
> 그에게 안 될 일이 무엇이랴.
> 냇가에 심기어진 나무 같아서
> 그 잎사귀가 마르지 않고 제 철따라 늘 열매 맺을 것입니다.
> 악한 자들은 그렇지 않으니
> 바람에 흩날리는 먼지와도 같은 것들입니다.
> 여호와께서 심판하실 때 이들은 머리조차 들지 못하고
> 죄인이라 의인들 모임에 끼지도 못할 것입니다.

> 악한 자의 종착지는 깊은 멸망이나
> 그대의 길은 여호와께서 보살피나니
> 복 있는 자여.

그래서 제목이 '복 있는 자여'입니다. 저와 여러분이 복 있는 자가 되기를 원합니다.

시편 1편은 우리에게 상당히 친숙하면서도, 한 걸음 더 깊이 들어가 보면 상당히 낯섭니다. 먼저 전체적인 주제가 낯섭니다. 많은 성경들은 그 첫 장에서 전체적인 주제를 제시해 줍니다. 마가복음은 "하나님의 아들 예수 그리스도의 복음의 시작이라"(막 1:1)고 말하며 그 주제가 복음에 있다고 선언합니다. 그러나 시편은 그 주제를 율법에 두고 있습니다. "복있는 사람은 … 오직 여호와의 율법을 즐거워하여 그 율법을 주야로 묵상하는 자입니다." 신명기의 시작도 아닌데 시편이 "율법 찬가"로 시작한다는 것을 생소하게 느낄 수도 있지만 이것을 달리 말하면 예수 그리스도의 복음을 모르고 복음서로 들어갈 수 없는 것처럼 여호와의 율법을 모르고는 시편의 세계 속으로 들어갈 수 없다는 뜻입니다. 시편 속에 나타난 하나님을 만나기 원하는 자는 먼저 율법에 헌신해야 합니다. 물론 시편 전체 속에 율법에 대한 소개는 별로 많지 않습니다. 그러나 시편 1편은 현재의 위치에서 율법을 가장 복된 소식이라고 말하고 있습니다. 율법에 대한 태도가 얼마나 우리와 다릅니까. 어째서 시편의 출입문인 1편이 하나님의 놀라운 은총을 묵상하고 찬양하는 것이 아니라 율법을 묵상하고 즐거워하는 것을 주제로 삼습니까?

행복은 누구든지 다 원하는데 많은 사람에게 '당신은 행복합니까'라고 물어보면 '행복하다'고 대답하는 사람 별로 없어요. 부부 간에도 살다 보면 좋은 점이 연애할 때는 간간히 보였는데 결혼하고 나니까 "내 손가락으로 내 눈 찔렀다."고 혹은 "야 이거 완전 속았다 무를 수도 없고." 그렇게 우리들이 생각하는데 성경은 우리에게 말합니다. '복 있는 사람' '복 있어라'. 여기 보면 복 있는 사람은 이렇게 말하는데 '행복이라는 것이 무엇일까.' 그래서 이 행복의 문제가 학문으로 연구되어 "행복학"이라는 하나의 학문영역까지 있습니다. 그러나 이것은 성경이 이미 교훈하고 있습니다. 우리가 여기서 보면 중요한 것이 무엇인가 하면, 하나님의 율법입니다. 많은 이들이 이걸 오해하고 있습니다. 율법이라고 하면 '뭐 하지 마라, 뭐 하지 마라, 뭐 하지 마라' 하니까 이것은 다 우리를 얽매는 것이라고 오해합니다.

'우리는 복음을 받았기 때문에 자유함을 누린다'고 합니다.

맞아요. 복음으로 자유함을 누리는데 '자유하기 때문에 내 마음대로 살아라'는 말이 아닙니다. 자유함은 "새 사람이 되었기" 때문에 "먹든지 마시든지 무엇을 하든지 하나님의 영광을 위하여 하라."(고전 10:30). 이게 우리의 삶의 원리입니다. 이것이 '성화'(聖化)인데 일부 사람들은 율법 폐지론만 이야기하고 성화 개념을 가르치지 않음으로 말미암아 오늘날 한국교회에 문제가 생기는 일들이 있습니다. 죄 용서받았습니다. 그러니까 술 먹어도 되고, 용서받았으니까 마음대로 바람 피워도 되고 하는 게 아니잖아요. 용서함을 받았으니까 감격해서 하나님의 영광 드러내는 삶을 살고, 어렵고 가난한 자 구제하고, 이 복음을 전하며 살아가는 게 우리의 삶의 길이라는 말입니다. 해석이 잘못됐습니다.

시편 1편은 노래와 기도의 한 모음집에 대한 예기치 않은 시작으로 구성되는데, 시편 1편 자체는 노래나 기도가 아니라 약속과 암묵적 권고로 구성되는 방식으로 삶이 어떻게 작용하는 지에 대한 언급하는 시이기 때문입니다. 시편 1편은 하나의 가르침으로서 대부분의 다른 시편과는 대조되는 반면에, 잠언 1-9장과는 어울리지 않아 보이지는 않습니다.

특별히 시편을 시작하기 위해 기록된 것처럼 보이지는 않습니다. 부차적으로 이런 맥락에 사용된 한 교사의 시일 것입니다.

구문 일부는 산문으로 되어 있지만(주목할 만하게도 관계대명사 아세르[רשׁא]가 세 번 나옵니다), 시의 모습은 본질에서 이미지 사용에서 드러나며, 양식에서 병행구, 반복, 계층 구조를 창조적으로 사용하는 데서 드러냅니다.

시편 1편은 하나의 독특한 예술 작품입니다. 음성학적인 측면에서 보면 이 시는 히브리어 알파벳의 첫 글자 알렙(ת)으로 시작하여(1절) 끝 글자 타우(א)로 마칩니다(6절). 히브리어 자음 22개 중 그 정 중앙을 차지하는 카프와 라멧이 악인의 운명을 소개하는 4절 초반부에 역순으로 나타나서(로-켄) 구조적인 전환을 만들어 준다.

이 시를 구조 분석하면 다음과 같습니다.

이 시의 전체적은 구조는 A. 복있는 사람의 삶(1-3절). B. 악인의 삶(4-5절). C. 두 삶의 평가(6절)로 짜 볼 수 있습니다. 아래에 나오는 핵심 용어를 보십시오.

1. 복있는 사람의 삶(1-3절)

   1) 복있는 자

      악인의 꾀

      죄인의 길

   2) 주의 율법(토라)을 즐거워함

3) 시냇가에 심긴 나무같이(עֵץ)

2. 악인의 삶(4-5절)

    4) 악인: 바람에 날리는 겨같이(מֹץ)

    5) 악인: 심판(מִשְׁפָּט)을 견디지 못함

        죄인: 의인의 회중에 들어가지 못함

3. 두 삶의 평가(6절)

    의인의 길

    악인의 길

이 구조분석에서 보는 바와 같이, 의인과 악인의 대조가 시편 전체에 걸쳐서 두드러지게 나타납니다. 부러운 자는 의인(צַדִּיקִים)으로, 그와 대조되는 자는 악인(רְשָׁעִים)과 죄인(חַטָּאִים)으로 소개됩니다. 각 연마다 악인이 중요한 핵심 단어로 등장하고 있음을 주목해야합니다(1, 3, 5, 6절). 특히 악인의 꾀(1절)와 악인의 길(6절)이 시작과 끝을 아름답게 이어줍니다. 악인의 꾀는 지혜롭게 보일지 모르나, 그 꾀를 따라 자기 길을 다 가면 결국 망할 것입니다.

첫 연(1-3절)은 "복있는 자"에 대한 탄성으로 시작하고 둘째 연(4-5절)은 "악인은 그렇지 않다"는 선언으로 시작하며, 이 시를 요약하는 마지막 절은 주께서 인정하시는 의인의 길과 결국 멸망으로 갈 악인의 길을 대조함으로 끝을 맺고 있습니다.

　그래서 율법과 복음을 대립 개념으로 이해하는 데, 아닙니다. 율법과 복음이 대립 개념이 아니고 율법을 완성한 것이 복음입니다. 율법을 완성했기 때문에 그 율법이 오늘날 또 우리에게 살아 있습니다. 어떤 목사님에게서 저에게 전화가 왔어요. 어떤 분이 저를 식사 대접하려고 하는데 "내일 주일 오후에 어느 호텔 뷔페에서 대접한답니다. 박사님 나오세요." 그래서 내가 "안 나간다." "왜요? 바빠요?" "안 바빠." "그런데 왜 안 나옵니까?". 내가 왜 안 나갑니까? "주일 날 목사가 뷔페를 왜 가? 집에서 먹어도 얼마든지 먹고 할 텐데, 주일을 거룩하게 지키라 그랬지" 그랬더니 하는 말이 "율법주의자시네요." 그래, 율법주의자들. "이것은 율법주의자가 아니고 하나님의 말씀을 지키려고 발버둥치는 겁니다. 나도 여행 중이나 어디 출타하거나 집회 갔을 때 주일날 밥 사먹는 경우도 있습니다. 먹어야지 어쩌겠어요. 그러나 내가 고의로 아는 사람 만날 약속을 주일 오후에 호텔 뷔페에 가서 왜 먹어요? 내가 거절을 했어요. 그 거절을 했더니 저를 보고 율법주의자라고 해요.

　구체적으로 시작하는 시편은 여호와의 가르침(토라라는 단어가 2절에 나온다)에 주의하라고 촉구합니다. 토라라는 단어는 종종

"율법"으로 번역됩니다(예를 들어, 70인역, NIVI). 다른 곳에서 "여호와의 가르침"은 오경에 있는 자료를 가리킬 수 있으며(예를 들어, 대하 17:9), 이 번역은 이 시편이 창세기와 신명기에서의 가르침, 곧 토라에 대한 고찰을 가리킨다는 인상을 심어줍니다.

비록 "율법"이 전체 이 책들을 묘사하거나 심지어 이 책들이 포함하는 삶에 대한 직접적 가르침을 묘사하는데 오해하기 쉬운 용어일지라도, 시편 1편은 사실 오경, 또는 출애굽기에서 시작하는 가르침에 대한 좋은 소개가 될 것입니다.

"율법"은 사회가 구성원들에게 지우는 요구를 시사합니다. 창세기 신명기가 이스라엘 사회에 지우는 요구를 포함하지만, 요구는 사회가 아니라 하나님이 지우셨습니다. 게다가 창세기와 신명기 역시 하나님이 무엇을 행하셨는가와 하나님이 어떻게 이스라엘의 첫 세대와 그들의 조상들과 관련되셨는지에 대한 이야기로 구성됩니다.

창세기와 신명기는 단순히 사람들이 무엇을 해야만 하는가에 대한 지침이 아닙니다. 달리 표현해 보면, "율법"은 "은혜"와 대조되는 것을 시사하는 반면에 창세기와 신명기는 은혜와 토라를 대조시키지 않습니다. 토라라는 단어 자체는 '법'이 아니라 '가르침'을 의미하며, 따라서 명령뿐만 아니라 이야기를 포함할 수 있습니다. 이 토라는 거만한 자들의 어리석음과 대조시키면서도 그 어리석음의 영향을 막는 고찰을 위한 주제로서, 중요하게도 여호와의 가르침의 모음뿐만 아니라 여호와가 이스라엘을 다루신 이야기도 포함합니다. 이 이야기는 계명만큼이나 확고하게 사람들이 여호와의 길을 가는 공동체가 되도록 합니다.

하지만 여호와의 가르침은 창세기와 신명기에 국한되지 않습니다. 실제로 이것은 더 자주 "모세의 가르침"이라고 불립니다. "여호와의 가르침"이라는 표현은 오히려 시편(특히 시 119편)과 선지서(예를 들어 사 1:10; 렘 8:8)의 특징이 되며, 이제 창세기와 신명기에 나오는 자료를 언급하는 데만 결코 국한되지 않습니다.

잠언은 결코 명백하게 여호와의 가르침을 언급하지는 않았으며 잠언서의 가르침은 아버지나 어머니 또는 교사의 가르침일지라도, 1절에서 잠언과의 연관성을 배경으로 "가르침"은 잠언의 강조점을 떠올리게 합니다(예를 들어, 잠 3:1; 7:2; 28:4, 7, 9).

구약 다른 곳에서 토라가 제사장, 선지자, 또는 교사의 가르침을 가리킨다는 사실은 다시 이 시편이 암묵적으로 여호와의 계명보다 더 폭넓은 것에 대해 고찰하도록 권유함을 시사합니다.

토라 시편인 시편 119편은 여호와의 계명뿐만 아니라 여호와의 약속도 강조하고, 신실하지 못한 자들에 대한 가르침은 권고를 제안할 뿐만 아니라 약속도 합니다(예를 들어, 잠 1:8-19). 이런 가르침은 온전한 세계관을 전제로 합니다. 동일한 사항이 신실한 자들이 숙고할 필요가 있는 가르침에도 해당한다. 이 가르침은 권고와 대안의 온전한 세계관만 아니라 약속으로도 구성됩니다.

우리가 율법과 복음을 상대 개념으로나 적대 개념으로 보면 안 됩니다. 같이 연결됩니다. 그러면 우리가 율법에서 자유함을 받아서 도둑질하지 말라! 율법이죠. 그럼 도둑질해도 돼요? 살인하지 말라 했는데 율법은 다 지나갔으니까 살인해도 됩니까? 아닙니다. 똑같은 원리입니다. 율법을 복음이 완성했기 때문에 저와 여러분은 과거 죄, 현재 죄, 미래의 죄까지 다 용서함을 받았으니 날마다 거룩의 삶을 살아가야 된다는 말입니다.

그래서 제가 강조하는 것이 "실천적 칼빈주의"라는 사상입니다. 실천적 칼빈주의의 뜻이 무엇인가 하면, 지금 칼빈주의라 그러면 교리만 생각하는데 우리의 믿음은 바른 교리와 이것을 실천하는 실천, 두 가지가 겸해져야 바른 믿음입니다. 믿음 좋다고 교회 안에서 박수 치고 뭐 하고 난리 치고 나가서 '도그 베이비' 노릇하면 안 되잖아요. 도그 베이비가 뭔지 아세요? 그거 특별한 용어입니다. 그거 아는 사람만이 아는 단어이에요. 그건 아닙니다. 우리가 볼 때, 그러면 제가 그 말을 하면 '당신은 그 말대로 다 하느냐' 질문합니다. 아니요, 나도 못해요. 그럼에도 불구하고 하려고 노력하는 겁니다.

쉬운 예를 듭시다. 우리가 아기 키울 때 엄마 아빠들, 새로 엄마 아빠가 되면 다 자기 애가 천재 같지요? 뒤집지, 붙잡고 일어서지, '아빠, 아빠' 하지, 안 가르쳐도 말도 하지, '엄마, 엄마' 하지, 누구 닮아 저렇게 머리가 좋은지 하는데 조금 커서 애먹이면, 한 5살, 6살 되면 애 먹이죠. 누구를 닮아서 그러는지. 그러다가 내외간에 전쟁하는 경험 다 있어요. 우리가 보면 어린 아기가 붙잡고 일어서서 한 발 두 발 딛으면 엄마 아빠나 할머니 할아버지가 뭐라 그럽니까? 박수 치고 우리 아무개 잘 한다고 그러죠. 걷는다고 한 발 걷는다고 이게 잘하는 건가요? 이봉주도 있고, 황영조도 있는데, 황영조가 마라톤 신기록을 낼 정도로 달리는데, 하나님이 우리를 보실 때 그렇게 볼 줄 압니다. 아무리 실수 많고 허물 많은 우리가 붙잡고 일어나서 한 발짝 움직이면 하나님은 '아이고 잘했다. 아이고 잘했다.' 하십니다. 그래서 우리를 격려하시는 하나님, 우리가 그걸 믿습니다. 그래서 여러분 율법과 복음을 상대 개념으로 보지 마시고 완성 개념으로 봐야 됩니다.

이런 식으로 말할 때, 시편 1편은 두 가지 삶의 모델을 보여줍니다. 제가 오늘과 내일까지 계속 설명 할 것입니다. 하나는 우리의 이 세상에서 삶의 유형이 두 가지로 나옵니다. 하나는 '복된 삶', 다시 말하면 이것은 하나님 앞에서 의인의 삶이 있고,

다른 하나는 하나님 앞에서 죄인의 삶이 있습니다. 삶은 두 가지 뿐입니다. 복된 의인의 삶이냐, 악한 죄인의 삶이냐. 이 두 가지가 나오는데 우리가 이 땅에 살아갈 때 오늘 예수 믿고 내일 하나님 앞으로 불려 가면 얼마나 좋을까요? 하나님께서 안 불러 가시고 연장시켜 주시고 있습니다. 왜? 우리에게 중요한 것이 뭔가 하면, 하나님 앞에 우리가 바로 서고, 영광 돌리라고 하나님 원하시기 때문에 이럴 줄 믿습니다.

그래서 이번 사경회의 주제가 '복 있는 사람'입니다. 흐르는 강물이 가다가 바위가 있어 막히죠. 그러면 이 강물이 어떻게 해요? 기다리지요, 힘이 찰 때까지 기다리고 힘이 차면 그 바위를 넘어 내려갑니다. 강은 무얼 합니까? 더러운 것도 받아들이고 온갖 오물 다 받아들여서 정화하고 깨끗하게 청소해서 바다에 이릅니다. 우리 교회, 의로운 사람만 모이는 게 아니고, 별난 사람도 있고 문제 인물도 있고 아픈 사람도 있습니다. 모여서 정화해서 깨끗하게 정결케 씻어서 하나님의 대해(大海), 큰 바다에 이르는 우리 교회가 되기를 원합니다. 이게 우리들이 꿈꾸는 교회입니다.

그래서 아까 말한 대로 이 시편 1편의 시인은 처음 시작할 때부터 뭘 강조하는가 하면 율법을 강조해요. 문제가 무엇인가 하면, 과연 율법이 우리에게 즐거움이 되냐 입니다. 교회 가면

'뭐 하지 마라, 뭐 하지 마라, 뭐 하지 마라.' 거부감을 느끼는 사람이 있습니다. 성경에는 두 가지로 요약됩니다. 하나는 '할지니라', 다른 하나는 '말지니라, 하지 말지니라'. 모든 걸 두 개로 나눌 수 있어요. '뭐 뭐 할지니라, 네 부모를 공경할지니라.' 그 다음에 '도적질하지 말지니라', '할지니라'와 '말지니라' 이 두 개로 구분되는데, 오늘의 사람들은 긍정적인 무엇인가를 말하면서 '할지니라'라는 말만 좋아하고 '말지니라'는 것을 제대로 보지 않는 그런 경우들이 있어요. 우리가 자녀를 키웁니다. 자녀를 키우는데 어때요? '잘한다, 잘 한다' 칭찬만 합니까? 잘못할 때, 매도 때리죠? 세월이 흘러가서 보면 그 매가 사랑의 매입니다. 하나님이 우리를 징계하실 때도 있어요. 그러나 그것이 하나님의 사랑의 다른 표현이라고 우리가 볼 수가 있습니다. 그래서 우리가 보면 이 율법은 단지 계명만이 아니고 넓은 의미가 모세의 5경 그리고 신/구약 성경 전체를 우리에게 말합니다. 그래서 하나님께서 저와 여러분들에게 말씀을 사랑하는 은혜를 주시는 겁니다.

I. 악인의 꾀를 부정하는 삶

시편 1편으로 들어갑니다. 1편 1절, "복 있는 사람은 악인의 꾀를 따르지 아니하며, 죄인들의 길에 서지 아니하며, 오만한 자의 자리에 앉지 아니하고"라고 했습니다. '아니하며, 아니하는' 부정의 삶입니다. 제목이 '부정의 삶'입니다. 믿음의 삶을 살려고 하면 먼저 부정을 해야 됩니다. '아니하고, 아니하고, 아니하고' 이것이 1절에서 우리에게 교훈하는 그와 같은 요소입니다. 그러므로 성경이 교훈하는 '아니하고, 아니하고, 아니하는'. 이런 부정의 삶이 저와 여러분에게 있어지기를 원합니다.

뭐를 안 합니까? 첫째, 악인의 꾀를 부정하는 삶입니다.

1. 악인의 의미

여기 악인이라는 말은 시편 전체에 단수로 29번 나오고 복수로 51번 나옵니다. 그 뜻이 뭔가 하면 '민첩하다(quick), 활동적이다(activity), 혼란스럽다(confusion).' 그런 뜻을 가지고 있습니다. 악인는 민첩해요. 사기 당해 보신 분들 있으면 아실 것입니다. 사기 당한 사람들 특징이 뭘까요? 홀랑 넘어갔죠? 그 사람 말솜씨, 그 사람이 제시하는 방법이 그럴 듯 해요. 우리가 나중에 정신 차리고 '내가 씌었나, 내가 그 말을 믿었다.'고 해요. 그런데 왜 그렇습니까? 교묘하고 민첩하고 활동적이고 남을 혼란시키는 그와 같은 게 있으니까 그래서 나도 모르는 사이에 빠져 들어갑니다.

그것처럼 악인의 어떤 것입니까? 여기 악인이라는 말은 꾀도 많고 말에도 능하고 행위도 민첩하고 기동성이 많습니다. 그래서 여기 본문에 나오는 악인은 특수한 죄인을 지적하는 말이 아닙니다. 세 가지입니다.

(1) 하나님의 율법을 무시하는 자

여기 악인은 하나님의 율법을 무시하고 율법에서 떠나 있는 일반적인 사람입니다. 말로서는 성경을 이야기하는데 실제로는 율법에서 떠나 있는 그런 사람들을 여기에서 악인이라 그럽니다.

(2) 의인과 대립되는 존재

두 번째는 의인과는 대립되는 존재입니다. 의인은 의인의 생활 철학이 있고, 악인은 악인의 생활 철학이 있어요. 우리 연구원 건물 1층에 미용실이 있는데, 그 미용실은 벌써 30년 넘게 하는데, 내가 그 미용실 원장 보고 물어봅니다. "원장. 사람 만나면 어디를 제일 먼저 보나?", "머리를 제일 먼저 봐요". 구두 닦는 사람은 얼굴 안 본대요. 구두만, 발만 본대요. 왜? 그 사람의 생활 철학이잖아요. 자기 먹고 살려고 하니까. 그렇습니다. 예수 믿는 사람, 제일 먼저 뭐 봐요? 저 사람 구원 받았겠냐, 예수 믿느냐 안 믿느냐 전도할까 말까. 그걸 우리가 봅니다.

그래서 우리가 보면 여기에서는 생활 철학이 달라요. 우리 예수 믿는 사람 경우에는 감사하고, 어떤 사람이 엄청난 액수의 헌금을 해놓고, '주여, 감사합니다.' 감사 기도해요. 불신자가 보면 미쳐도 참 한참 미쳤죠. 교회 가면 돈이 생기는 것도 아닌데 천만 원 넘게 내놓고 '주여, 감사합니다. 은혜 주시면 더 하겠습니다.' 불신자의 철학으로 보면 그 미쳐도 한참 미쳤어요. 그러나 우리 그리스도인의 철학으로 보면 모든 것이 주님이 주신 거니까 주님 앞에 감사합니다.

그런데 우리 예수 믿는 사람들은, 제가 어느 교회 집회를 하면서 그 이야기를 했어요. 설교 전에 헌금을 하고 봉헌 기도하는 사람이 뭐라고 하는 줄 아세요? 옛날에는 '30배, 60배, 100배' 했잖아요. 요새는 나도 그런 줄 아는데 '천 배, 만 배'의 복을 달라고 해요. 그래서 내가 설교하면서 그랬어요. "아까 그 기도 그렇게 하셨는데 나는 그 기도에 '아멘' 안 했다." 하나님 앞에 1만원 헌금 해놓고 천 배, 만 배로 1억, 10억 달라고 하면, 그게 도둑놈이지. 만 원 헌금 해놓고 1억 달라 하면 도둑놈 아닙니까. '나에게 필요한 것 주옵소서.' 나에게 필요한 것을 주께서 주시기를 기도해야지요. 하나님 앞에 무슨 복을 흥정하는 게 아닙니다, 믿음은 모든 것이 주님 것이니까 주님께 드리니, 주님이 나에게 필요한 건 나보다 주님이 먼저 아시지 않습니까? '필요한 거 주옵소서'. 이게 그리스도인의 생활 철학이라는 말입니다.

(3) 연단의 도구

그리고 세 번째, 악인은 하나님의 백성을 연단하는 도구로 사용되기도 합니다. 제가 이런 경험이 있습니다. 오래 전에 서울 근교의 오산리 금식기도원에서 여의도순복음교회 대학생 집회를 인도한 적이 있습니다. 그 주간에 금식 집회를 하는데 학생들은 앉아서 금식하고 기도만 하면 되는데 강사는 새벽, 오전, 밤 하루 세 번씩 설교를 하는데, 진짜 죽을 지경이여요. 하루 세 번씩 먹고 설교하기도 힘든데 말입니다. 집회중 하루는 오후의 빈 시간에 서울 시내에 급한 볼 일이 있어 그 때 차도 잘 없을 때에요. 시외버스를 타고 나오니까 버스 안에 자리가 없어서 손잡이를 잡고 서 있었습니다. 그 지역은 군인 부대가 많아요. 군인들이 쭉 있으니까 기도원에 왔던 여 집사님들이 군인들에게 전도를 합니다. 군인에게는 아무리 자기 아들뻘이더라도 군인은 '아저씨'지 아들뻘 되어도 군인 아들 없어요. 군인 아저씨에요. 그래서 "군인 아저씨 예수 믿으세요." 그러니까 이 군인들이 장난하려고, "아줌마, 우리가 묻는 말에 답해주면 예수 믿을게요." 하더라고요. 집사님들은 물어보라고 대답합니다. 나는 옆에서 이제 뭐하나 싶어서 가만히 보고 듣고 있었지요. "하나님이 공산당 싫어하죠?", "싫어한다.", "그러면 하나님 김일성 싫어하죠?", "싫어한다." 그때 김일성 시대요, 김정일 이전 때여요. "그러면 하나님이 김일성 왜 안 잡아가요?" 그거 대답해주면 자기가 예수 믿겠다는 겁니다. 그 여자 집사님들이 당황했어요. 이걸 뭐라고 대답을 합니까? 집사님들이 어쩔 줄 모르고 있는데 내가 그때 끼어들어야 될 것 같아서. "저, 청년. 내가 대답해도 되겠나?" 집사님들이 날 보니까 집회 강사잖아요. 집회 강사가 같은 버스를 타고 있어요.

"하나님이 김일성 살려준 이유가 두 가지다." 하니까 놀래서 "뭡니까?" "첫째, 김일성도 회개하고 돌아오기를 하나님이 기다린다.", "두 번째 너희도 김일성처럼 되지 말라고 모델로 세워뒀다. 너희도 김일성처럼 되지 말라고." 두 가지 뜻이 있다. 그러니까 군인들이 깔깔 웃으면서 예수쟁이들 말도 잘한데요. 그렇게 버스 안에 한바탕 웃고 넘어갔더니 그 집사님들은 우리가 공격당할 때 주의 종을 예비해서 답을 해줬대요. 이제 그 이야기를 나중에 또 한 번 더 들었어요. 그건 내가 설명을 안 합니다만 왜 하나님이 김일성을 살려주는 이유를 나는 그렇게 생각해요. 김일성도 하나님이 회개하고 돌아오길, 다른 하나는 너희는 저렇게 되지 말라고 우리에게 보여주는 거 아닙니까? 그래서 우리에게 중요한 게 죄인을 우리 앞에 보여 하나의 모델, 우리를 징계하는 수단, 이걸로 하나님이 우리에게 주셨습니다.

그렇습니다. 그래서 시편에 보면 이러한 무리들을 여러 단어로 표현합니다. 죄인이라 하고, 오만한 자, 행악자, 강포한 자, 살인자, 불의한 자 등등 이렇게 말하는데, 여기에서 중요한 것은 '하나님의 백성을 대적한다.'는 말입니다. 이 악인의 특성은 하나님의 백성과 하나님을 대적하는 무리들입니다. 교회를 대적합니다. 내가 신문사 논설 고문을 두 신문사에서 하고 있는데, 불신 친구들을 만나보면 교회 비리를 나보다 더 잘 알아요. 그들은 줄줄줄 꿰고 있어요. 내가 "그래, 맞다. 네 말이 다 맞다. 그러니까 예수 믿지" 내 대답이 그래요. "그래, 문제가 있고 허점이 있으니까 예수 믿지. 그거 없으면 내가 혼자서 교주 노릇하지. 내가 왜 예수 믿겠냐?" 그랬더니 꼭 결론은 똑같아요. "예수쟁이들 말 갖다 붙이는 데에는…". 그러니까 한바탕 웃고 넘어가는데 여기에 죄인이라는 이름의 뜻은 단순하게 무슨 죄를 지은 사람만이 아니고, 하나님을 거역하는 사람들을 통칭적 개념으로 봐야 합니다. 그래서 저희의 삶의 목적은 항상 의인들을 해칩니다. 괴롭게 합니다(시 36:4, 52:2, 57:4).

2. 악인의 꾀

그 다음 두 번째, '악인의 꾀를 쫓지 아니한다.'고 했습니다. '악인의 꾀', 꾀가 뭡니까? 충고한다/상담한다란 동사에서 나온 말인데 저들의 악한 음모 계략을 이렇게 말합니다. 꾀란 사람을 해롭게 하려고 하는 음모입니다. 그리고 악한 자는 악의 원리가 있습니다. 사기꾼들을 보면 말이 졸졸졸 흘러갑니다. 자기들 나름대로 도가 텄어요. 이들은 제일 만만한 것을 찾습니다. 그래서 은퇴한 사람들중 사기를 제일 잘 당하는 사람이 누구인 줄 아세요? 교사나 교수 출신입니다. 두 번째는 경찰관 출신입니다. 말도 안 되는데 경찰관 출신이 왜 사기를 당합니까? 아니, 제일 잘 당한데요. 검사 출신은 매일 도둑놈 잡는 검사가 왜 사기 당합니까?

여기 '악인의 꾀를 쫓지 않는다'고 했습니다. 쫓는다는 말이 뭡니까? 걸어간다. 그 말입니다. 그래서 우리에게 중요한 것이 뭔가 하면 악인의 길을 쫓아갑니다. 그 다음 두 번째 부정이 무엇입니까? 죄인의 길에 서지 아니합니다. 여기 악인보다 조금 더 나가서 죄인이라는 단어가 나옵니다.

히브리어에서 죄인은 세 가지 뜻이 있습니다. 첫 번째, 반역자입니다. 하나님을 반역하는 반역자입니다(시 51:3, 잠 28:11). 여기에서 반역은 '불순종한다. 하나님의 말씀에 불순종한다.'는 것이 반역인데 그래서 하나님의 말씀에 불순종합니다.

이 죄인이란 두 번째는 불법자입니다. 불법자가 무엇인가 하면, 어그러진 자, 굽어진 자로, 이 말의 뜻은 '법에서 어긋났다'는 말입니다(민 23:21, 삼상 5:23, 시 5:5). 이런 사람들을 말합니다.

세 번째는 푯대에서 어긋난 자, 하나님의 요구하는 표준에 미치지 못하고 다른 길로 어긋나 가버린 자(욥 21:6)입니다. 양궁 선수들의 목표가 무엇일까요? 맞추는 거 아닙니까? 그 핵심은 10점짜리 포인트에 찍어야 되는데, 여기 푯대있는 곳으로 안 가고 엉뚱한 데로 가버리는 것을 여기서 죄인이라고 합니다.

II. 죄인의 길을 부정하는 삶

저와 여러분이 하나님의 말씀을 다 지킬 수가 없어요. 그렇다면 지킬 수가 없으니까 안 지켜야 합니까? 지키려고 노력해야 합니까? 노력해야죠. 이게 우리 그리스도인의 삶입니다. 넘어지고 실수할지라도 또 일어나고, 일어나서 하나님을 향해서 달려가는 것이 그리스도인의 삶인데, 많은 사람들이 이것을 오해를 해요. 우리는 이미 용서함을 받았으니까 뭘 해도 앞으로의 죄까지 다 용서받았으니, 마음대로 해도 된다고 합니다. 이걸 성경에는 고범죄라고 합니다. 고의로 범하는 죄가 고범죄입니다. 실수해서 범하는 죄하고 고의로 범하는 죄가 다르죠? 법원에서 재판 받을 때도, 아니 내가 길 가다가 사람을 부딪쳐서 다치게 하는 경우가 있고, 안 그러면 내가 몽둥이를 들고 가서 사람을 쳐서 다친 경우가 있잖아요? 누가 더 벌이 많아요? 고의로 한 것입니다. 우리 하나님 앞에서 우리가 고범죄, 고의로 범하지 말라는 말입니다. 하나님은 우리를 향해서 '너는 하나님의 아들이오. 하나님의 딸이다' 이미 우리가 인침을 받았으니, 그 은혜에 감격하여 우리가 죄인의 길에 가지 아니합니다.

1. 죄인의 의미

그래서 이 죄인의 길이 뭡니까? 구약 열왕기를 보면, '여로보암의 길을 걸었더라'(왕상 16:16)고 했습니다. 그렇습니다. 솔로몬의 아들 때 와서 악한 자의 대표가 누구입니까? 여로보암입니다. 구약 역대기와 열왕기에 나옵니다. 잘못하면, '여로보암의 길을 걸었더라.' 잘못된 왕마다 '다윗의 길을 따르지 아니하고 여로보암의 길을 걸었더라.'(왕상 16:2, 19, 26, 31)고 했습니다. 악한 자의 표상입니다. 우리가 친일파라 그러면 누굴 들먹거려요?

이완용입니다. 저나 여러분이 이완용을 본 일도 없잖아요. 그런데 친일파 하면 대표가 이완용입니다. '이완용의 길을 걸었더라.'와 똑같은 겁니다. 여기 죄인의 길이라는 것은 푯대를 어긋나게 합니다. 푯대를 어긋나게 하는 그와 같은 삶을 우리가 살아갈 때가 많습니다.

성경에는 '죄인'이란 단어가 많이 나오고, 또 우리의 신앙생활에서 자주 사용되는 단어입니다. 히브리어에서 죄인이란 단어를 세 가지로 표현하고 있습니다.

(1) 반역자

'반역'이란 의에 대한 반역 또는 불순종을 의미합니다. 이것은 하나님에 대한 반역입니다. 반역은 하나님의 말씀을 거역하는 것인데 이에 대해 우리가 어찌해야 합니까?

"그러하면 내가 범죄자에게 주의 도를 가르치리니"(시 51:13)라고 하였습니다. 또 "사람의 낯을 보아주는 것이 좋지 못하고 한 조각의 떡을 인하여 범법하는 것도 그러하니라"(잠 28:21)고 했습니다.

(2) 불법자

'불법자'라는 말의 본 뜻은 '구부러지다'인데 '법에 어긋났다'

는 뜻입니다. 하나님의 법에 어긋난 자가 불법자이며 이들이 바로 죄인입니다(민 23:21, 삼상 5:22, 시 5:5).

(3) 푯대에 어긋난 자

하나님이 요구하시는 과녁 즉, 표준에 맞추지 못하고 푯대에서 빗나가는 것입니다(왕상 15:26, 34). 이것은 양궁이나 사격 경기를 통해 쉽게 이해할 수 있습니다.

중요한 것은 우리가 돌이켜 회개하는 겁니다. 거룩을 향하여 달려가야 합니다. 어떤 사람들을 보면, 또 너무 거룩한 사람들이 있어요. 난 그런 사람들을 보면 겁이 나요. 10마디 하면 한 7마디는 하나님, 성령, 뭐 이런 말을 합니다. 누가 나 보고 그래요. "교수님! 아버지께서 아침에 말씀하시기를…". 나는 자기 친정 아버지한테 듣고 온 줄 알았거든요. 한참 가만히 보니까 그게 아니라 '하나님 아버지하고 직접' 대화한 것입니다. 그런데 내가 볼 때는 정말 아닌 말인데, 말을 할 때 거룩하게 하나님이라고 하면 약간 겁나잖아요. 하나님의 무슨 계시 받아 왔나 싶어서요. 이런 사람들 많습니다. 너무 하나님 이름을 너무 망령되게 이러지 않았으면 좋겠어요. 우리 불신자들을 너무 정죄하지 않았으면 좋겠습니다.

2. 죄인의 길

　제가 이십여 년 전에 암에 걸려서 수술했습니다. 어떤 사람이 나를 딱 쳐다보면서 "하나님 앞에 벌 받아서 암 걸렸다."고 말해요. 그럴 수 있겠지요. 그럴 수도 있는데 그러면 안 되잖아요. 그럴 수 있겠지요. 내가 벌 받아서 암에 걸릴 수도 있겠지요. 그건 나도 장담 못 해요. 그러나 그렇게 말하면 안 되는 거 아니에요? 그건 지금도 안 잊어버려요. 내가 회고록 쓸 때 그런 사람이 있더라 하고 회고록에 넣으려고 하는데, 우리가 보면 이런 게 아닙니다. 우리가 믿음의 백성. 우리 예수 믿는 사람들 좀 조심해야 될 게 있습니다. 누가 아프면 '무슨 죄를 지었기 때문에 하나님 앞에 징계를 받아서' 이렇게 말하고, 내가 아프면 '주께서 연단시켜 귀하게 사용하시려고', 그건 아니잖아요. 내가 아프면 '내가 무슨 잘못을 해서 이렇게 고통을 당합니까' 해야 되고, 다른 사람이 아프면 거꾸로 해야 되고. 이런 식으로 하는 경우가 많습니다.

　'길'이란 구약에서 많이 사용되는 단어입니다. 이 말은 상당한 철학적 의미를 가지고 있습니다. 그러나 동양 철학에서 말하는 '도'(道)의 개념이 아닙니다.

　시편 119편에는 "여호와의 율법", "계명"이라고 하였고, 신약에서는 '로고스'라고 하였습니다. 예수님께서도 "나는 길이요 진리요 생명이라"(요 14:6)고 했습니다.

시편 1:1에 나오는 길은 '악인의 행로', '범죄자의 행로'를 의미합니다. 즉 타락한 모습을 규정할 때 사용하는 말입니다. 그 대표적 사례가 여로보암의 경우입니다.

"그가 여호와 보시기에 악을 행하되 그의 아버지의 길로 행하며 그가 이스라엘에게 범하게 한 그 죄 중에 행한지라"(왕상 15:26).

'여로보암의 길'은 악한 자의 표준이 되어서 다른 임금의 죄상을 말할 때에 사용되었습니다. 마치 친일파라고 하면 이완용을 생각하는 것과 같은 발상법입니다.

복있는 사람은 이러한 '죄인의 길'을 가지 않습니다. 길이라고 다 같은 길이 아닙니다.

아까 이 목사님이 나를 소개할 때 여러 교회에 나오는데 미국 이민교회, 한센병 치유자교회, 일본인교회에서 사역했습니다. 대형 교회는 내 체질이 안 맞아요. 그러니까 불편해요. 제가 서울의 어느 교회에서 목회를 할 때 일입니다. 대형 교회는 아니고 중형 교회로 갔는데 권사님들이 한 50~60명이 돼요. 하루는 수요일 저녁예배 기도를 담당한 권사가 안 왔어요, 기도자가 안 왔어요, 어떤 권사님에게 '기도하라' 했어요. 뭐라는 줄 알아요? 지금도 안 잊어버려요. "하나님 아버지"하고 쭉 기도 다 하고, 이제 목사 위해서 기도하거든요. '하나님 아버지, 우리 목사님은 공부를 많이 해서 머리는 발달되었습니다.' 내 공부하는데 자기가 연필을 사 줬나, 등록금을 대줬나, '머리는 발달되었습니다. 하나님 아버지, 우리 목사님 무릎이 약합니다.' 무릎이 약하다는 말은 '기도 많이 안 한다.' 그 말이에요. 엎드려서 오래 안 한다는 말입니다. 공예배시간에 그런 기도를 어떻게 합니까? 그렇게 해서 수요 예배를 다 마쳤습니다. 그렇다고 목사가 그 권사님과 원수 삼을 수는 없잖아요. 나는 그 권사님한테 걸어가서 "권사님, 나 무릎밴드 하나 사주지." "왜요?" "아까 무릎 약하다며" "무릎에 하는 띠 하나 사주세요." 그렇게 말하고서 웃고 넘어갔어요. 어쩌겠습니까?

그때부터 내가 교역자 세미나가면 이 말을 하면서 '교인하고 싸우면 무조건 져라. 목사가 무조건 져라, 남편들은 마누라에게 무조건 져라.' 이게 가정 평화의 비결이요. 그러니까 내가 그래서 통합 측 전국 사모 세미나에 강사로 갔었어요. 사모 세미나에 대해 잘 모르는데 내가 어느 잡지에다가 글을 쓰기를, '사모에게 만점을 구하지 말고 사모의 장점을 찾아라. 만점짜리 사모님 없다. 장점 있는 사모님을 찾아라.' 우리 사모님의 장점이 뭐다 이걸 찾아라, 그걸 글을 썼더니 사모들이 그걸 읽었던가 봐요. 날 강사로 청했어요. 그래서 제가 이제 가서 "여러분, 사모님들이 나보다 더 신령하고, 나보다 기도 많이 하고, 봉사 많이 하니깐 거룩한 소리 내려 놓고, 한 주간 동안 남편 욕하고, 장로 욕하고 권사 욕하고, 여전도회장 욕하는 시간으로 가집시다." 그렇게 해 놓고 한 주간의 집회를 웃으면서 끝냈어요. 집회 마치고 났더니 통합 측 목사 친구들이 전화를 합니다. '성도들을 어떻게 선동해 가지고', 내가 '성도들', 그 사모님들을 선동해서 집에 왔더니 성도들이 막 어깨가 힘을 주고 당당하대요. 이번에 강사 잘못 정했다고 목사님들이 그러니까 사모님들이 내년에도 또 청할 거라 그랬대요. 우리가 보면 사람과 사람 사이에 장점을 찾읍시다.

III. 오만한 자의 자리를 부정하는 삶

세 번째 오만한 자의 자리에 앉지 아니하고 했습니다. 오만한 자가 누구입니까? 자신을 절대화시키는 독선주의자입니다. 오만한 자는 내가 최고요. 다른 사람은 다 바보입니다. 그런데 우리가 보면 자기가 전부 다 아는 게 아니요. 우리 하나님께서 우리에게 주시는 그와 같은 삶의 길이 있어요. 알면 얼마나 알까요. 사람의 지식에는 한계가 있습니다.

시인은 '복있는 사람'이 부정하는 세 번째 삶을 제시합니다. "오만한 자의 자리에 앉지 아니하고"라고 했습니다.

1. 오만한 자의 의미

오만한 자란 하나님을 인정하지 않는 사람을 말합니다. 하나님을 인정하지 않을 때 이 세상은 완전히 자기 세상이 되는 것입니다. 내 마음대로 돈을 벌고 내 마음대로 욕심을 채울 수 있다고 생각합니다. 전에 어떤 기업가는 "세상은 넓고 할 일은 많다"라고 말했습니다. 즉 이 세상은 머리만 잘 쓰고 열심히 노력하기만 하면 무한정으로 돈을 벌수 있다는 뜻입니다. 그러나 그는 지나치게 많은 빚을 끌어들임으로 자신도 망하고 나라도 크게 어렵게 만들었습니다.

여기서 '오만한 자의 자리'라는 것은 결코 우리 인간이 앉지 말아야 할 자리입니다. 앉지 말아야 할 자리가 어떤 자리입니까? 바로 그 자리는 하나님의 자리입니다. 이 세상의 주인은 하나님이시며 우리 인간들은 하나님의 집에 세들어 사는 것에 불과합니다. 그래서 내가 하나님인 것처럼 교만하게 생각하거나 행동을 해서는 안 됩니다. 그것이 바로 마귀의 처신입니다. 인간은 결코 절대적인 존재가 될 수 없습니다. 어떤 자리나 직책이든 그것은 남에게 봉사하는 자리일 뿐입니다. 그런데 다른 사람들을 쥐고 흔들 수 있는 절대 권력을 가질 때에, 사람들은 다른 사람들까지 충동질해서 죄에 끌어들이는 것입니다. 그래서 교만한 자의 특징이 무엇인가 하면, 혼자 죄짓는 것으로 만족하지 못하고 다른 사람들을 반드시 끌어들이는 것입니다. 그리고 끌려 들어오지 않으면 욕을 하고 핍박합니다. 그 정도 되면 이미 멸망은 작정되어 있는 것입니다.

'오만한 자'는 자신을 절대화 시키는 독선주의자를 가리킵니다. 그는 선한 것, 거룩한 것, 의로운 것, 등등을 웃음거리로 여기는 자입니다.

의인은 언제나 하나님만 절대화하고 하나님만 의지하고, 하나님만 바란다.

'오만한 자'는 하나님의 백성을 조롱합니다. 시 3:2 "그는 하나님께 구원을 받지 못한다". 시 10:4-6 "여호와께서 이를 감찰하지 아니하신다"라고 했습니다. 그는 자기를 절대화 하기에 하나님의 거룩을 모독하고, 남의 경건과 의를 비웃습니다. 그는 자기 절대화가 신조이기에 남에게 굽히지 아니합니다. 독선과 오만에 가득하고, 형제의 마음에 피나는 상처를 주고 도리어 이것을 자랑합니다. 그 예로 노아시대의 사람들이 있고, 소돔과 고모라의 멸망 때 롯의 사위 같은 자들입니다.

2. 오만한 자의 자리

'자리'란 좌석, 거주지, 회중이란 뜻입니다. 거주지는 생활환경, 생활의 방법, 생활하는 감정, 의지를 뜻합니다. 회중이란 뜻은 교제와 의사소통(communication)를 의미합니다.

그러니 복된 삶이란 악인의 영역에서 악인과 나누는 생활목표, 생활감정, 생활환경에서 단연코 '아니라'는 부정의 결단을 내리는 삶입니다.

첫째, 성경이 부정으로 출발하는 것은 성경이 온 세상에서 가장 현실적인 책이기 때문입니다. 성경은 언제나 세상의 있는 그대로의 모습에서 출발합니다.

그러나 우리는 그런 것을 좋아하지 않습니다. 우리는 언제나 멋진 그림을 그리는 일에서 출발하고 싶어하지 않습니까! 우리는 인생을 출발하면서 '자, 이제 우리는 행복해질 거야'라고 생각하고는 아주 멋진 그림을 그리고 아름다운 꿈을 꿉니다. 그런데 우리가 행복을 찾지 못하는 이유가 바로 여기에 있는 것입니다. 현실 그 자체에서 출발해야만 합니다. 세상의 있는 그대로의 모습과 처지에서 출발해야만 하는 것입니다. 그런데 그것처럼 불편한 것이 없습니다. 그래서 사람들은 그렇게 하기를 싫어하는 것이지요.

둘째로, 성경이 언제나 부정적인 정죄(定罪)로부터 출발하는 것은 성경이 우리에게 주는 첫째 메시지가 바로 이 세상의 삶이 악하다는 것이기 때문입니다. 죄를 깨닫기 전에는 사람에게 아무런 희망이 없습니다.

사람이 가장 먼저 깨달아야 할 사실은 그들이 잘못되어 있고 그들의 온 세계가 잘못되어 있고 악하며 추하다는 것입니다. "복 있는 사람은 악인의 꾀를 좇지 아니하며 …." 이 본문이 그것을 외치고 있으며 우리를 그 악인의 꾀에서 끌어내고 있습니다. 우리에게는 이것이 필요한 것입니다. 세상은 말하기를 '얼마나 멋지지 아니하냐?'라고 합니다. 그러나 실제로는 '이 세상은 아주 더럽고 추할 뿐이야'라고 하는 것입니다.

셋째로, 성경이 언제나 부정으로부터 출발하는 이유는 영혼을 다루는 유능한 의사나 그 비슷한 사람이 되고 싶으면 치료를 하기 전에 먼저 진단부터 하는 것이 좋기 때문입니다. 진통제를 투입하기 전에 먼저 환자의 증상을 살피고 진찰하는데 어느 정도 시간을 들여야 합니다.

그러므로 우리는 문제를 이렇게 다루어야 합니다. '당신이 행복해지기를 원하신다고요? 그렇다면 그것은 당신이 지금 불행하다는 뜻인데, 그 불행의 원인은 도대체 어디에 있습니까?' 이렇게 물어야 마땅합니다. 이것이 상식 아닙니까?

넷째로, 구원의 첫 단계는 언제나 죄의 악함과 회개의 필요성을 인식하는 것이기 때문입니다. 먼저 회개하고 그리고 나서 복음을 믿는 것입니다. 세례 요한이 언제나 주 예수 그리스도보다 앞서는 것입니다. 죄에 대한 깨달음이 언제나 죄의 용서보다 먼저 오는 것입니다. 악에서 결정적으로 돌아서서 자신을 하나님께 드리기 전에는 어느 누구도 행복을 찾을 수가 없는 것입니다.

그 다음으로 - 이것이 가장 중요합니다만 - 다섯째와 여섯째 요점은 아주 크게 강조할 필요가 있기 때문에 하나로 묶어서 말씀드리겠습니다. 성경이 먼저 부정적인 사실을 우리에게 들이대는 것은 하나님이 베푸시는 생명과 구원의 길이 우리가 지금까지 알아온 그 어떠한 것과도 전적으로 본질적으로 다르다는 사실을 말씀해주기 위함입니다. '행복의 길은 너희들이 항상 생각하는 그런 것과는 다르다. 내게 와서 들으면 아마 깜짝 놀랄 것이다. 지금까지 전혀 들어본 일이 없는 그런 이야기를 들을 생각을 해야 할 것이다. 지금까지 상상조차 하지 못한 정말 혁명적인 것을, 전혀 딴 세계에서 오는 것 같은 이야기를 들을 생각을 해야 할 것이다'라고 성경은 말씀합니다.

결론

복된 삶의 소유자인 의인은 '아니다'라는 강한 부정을 가지고 있습니다. '아니라'고 해야 할 곳에서 '아니라'고 해야 합니다. 이것이 기독교 생활철학의 소극적면입니다.

> 마 5:37 "옳은 것은 옳다 하고 아닌 것은 아니라 하라 여기서 지나치면 죄가 되느니라"

우리는 '아니라' 할 것에는 '아니라'고 해야 합니다. 이것이 의인의 삶입니다. 종교개혁자 루터는 이렇게 고백했습니다.

> "웜스 국회의사당 기왓장이 다 마귀가 되어 공격할지라도 나는 하나님을 증거하리라"

이 부정은 부정을 위한 부정이 아니라 긍정을 위한 부정입니다. 긍정을 창조하는 부정입니다.

시편은 행악자를 삼중 묘사를 하였습니다.

첫째, "죄"는 잠언과 욥기에 자주 나오는 또 다른 단어인데, 이 단어는 사람들에게 하나님의 악인 꾀를 좌절시킴을 믿고, 이런 죄를 지지하지 않도록 촉구합니다(욥 5:13; 10:3; 21:16; 22:18; 참조. 시 33:10-10). 거만한 자들에 대해 잠언서에 나오는데, 잠언서에서 종종 그들의 운명에 대해 독자들에게 경고합니다(예를 들어, 1:11; 13:1; 19:29).

성공에 이르지 못한 삶에 대한 세 가지가 나란히 나오는 설명은 점차 묘사를 강화합니다. 설명은 신명기 6:7과 겹치기도 하지만, 다시 잠언서를 떠올리게 합니다. 각 묘사는 전치사(~에 따라/~에서)가 앞에 덧붙여진 명사를 포함합니다.

악인의 기본적 형태는 단순히 행위와 관련됩니다. 즉, 악인의 충고에 따라 "행한 것"입니다. 이것보다 나쁜 것은 도덕적 실패의 길에 "서는 것"인데, 이는 그 길을 단지 택하는 것 이상으로 그 길에 확고하게 서는 것을 의미합니다. 이 행동이 삶의 방식이 된 것입니다.

둘째, 이 뒤에는 오만한 자들의 "자리"에 "앉는 것"입니다(회중/총회를 의미합니다). 이것은 그들의 방식으로 사는 거뿐만 아니라, 그들이 장로들이 성문에 모이는 것을 악하게 모방하여 모일 때 그들의 모의에 참여하는 것을 의미합니다.

문제에 대한 분석이 이런 식으로 1절을 통해 깊어지는데, 물론 이것은 이야기의 진행을 의미할 필요는 없습니다. 즉, 사람들이 먼저 걷고(따르고), 그 후에 서고, 마지막으로 앉는 식으로의 진행일 필요는 없습니다. 앉는 것이 따르는 것과 서는 것을 앞설 수도 있습니다.

셋째, 행악자들을 삼중으로 묘사할 때, 첫 용어 "악인"은 통상적 용어이지만 중요한 용어입니다. 악인은 시편과 지혜 문헌에서 매우 두드러집니다. 둘째 용어에 대해서는 어근에서 온 형태들이 역시 두 맥락에서 두드러지지만, 명사 "실패자들"은 덜 두드러지므로(시 25:8; 104:35; 잠 1:10), 이는 약간 강화하게 됩니다. "오만한 자들"은 요점을 더욱 분명히 합니다. 이들은 자신들이 생각하는 것을 알고 누구라도 자신들에게 다르게 말하기를 원치 않는 자들입니다. 여호와의 가르침이나 그 밖에 어느 것에 대한 고찰은 그들의 삶의 방식 일부가 아닙니다. "만약 죄인 가운데 가장 수치스러운 죄인들이 아니라면" 그들은 "회개에서 가장 먼 자들"(잠 3:3-4)입니다. 이런 사람들과 함께 거주하거나 앉는 것은 그들의 세계관에 빠져들 위험이 있습니다.

마지막 병행구의 순서(꾀, 길, 집)는 다시 상황에 압력을 더 단단히 가합니다. 꾀를 말하는 사람들의 말을 듣는 것과 그 꾀를 따라 행동하는 것은 별개의 문제입니다. 이런 모략하는 자들과 함께 하며 자신의 삶을 보내는 것은 빠져들고 싶지 않은 늪으로 걸어 들어가는 것입니다.

기도드립니다. 하나님 아버지 감사합니다. 사경회를 통해 '복 있는 사람'을 묵상할 수 있게 해 주셔서 감사합니다. 하나님의 말씀을 통하여 참 복을 깨닫게 해 주옵소서. 예수님의 이름으로 기도드립니다. 아멘.

제2강

긍정의 삶

제2강

긍정의 삶

시편 1편 2절
오직 여호와의 율법을 즐거워하여 그의 율법을 주야로 묵상하는도다

시편 1편 1절은 부정의 삶입니다. '아니요, 아니요'하는 부정의 삶입니다. 2절은 긍정의 삶입니다. 이 시편은 하나님을 향한 인간의 삶을 노래합니다. 그래서 이것은 시고, 찬송이고, 노래입니다. 시편의 찬송가들을 곡조 맞춰 노래를 만듭니다. 시편 찬송가가 있어요. 시편을 나는 이렇게 표현합니다. '땅에서 부르는 하늘의 노래'라고 부릅니다.

그런데 노래 가사를 제가 많이 씁니다. 그래서 시로 쓴 시편도 쓰고, 혼자서 찬송가를 100편을 작사를 했어요. 그래서 앞에 〈혜강 김남식 작사 찬송가집: 내 영혼아 찬양하라〉고 붙였습니다. 그래서 작곡가들에게 작곡을 맡겼어요. 작곡을 맡겨 가지고 오면, 언제 죽을지는 몰라도 죽기 전에 내가 지은 시를 가지고 찬송가 하나 만들어 출판해보려고 해요. '시편 찬송가'. 내가 쓴 시를 가지고 작곡해서 찬송하려고 합니다.

시편이 무엇입니까? 하나님을 향한 우리의 절규, 감동, 감격입니다. 여러분, 시는 쓸 줄 몰라도 어떤 날은 시를 쓰고 싶은 마음 들지요? 가을비가 내린다든지, 봄에 꽃이 필 때 보면 뭔가 '이거 내가 글만 잘 쓰면 뭐 하나 써보겠는데' 하는 그런 마음이 들 겁니다. 그런 감동이 있어야 되는 겁니다. 감동이 있어야 되는데 히브리어로 시를, 이 시편을 '테헬림'이라 하는데 '찬양한다' 혹은 '기도한다'는 말입니다. 시편은 찬양과 기도입니다. 그래서 우리가 시를 쓰고 그 마음으로 우리가 순수한 그 감정을 가지고 나아갑니다. 그래서 이 시인은, 시편의 기자는 우리에게 말합니다. 복 있는 사람은 여호와의 율법을 긍정하는 삶을 삽니다. 1절에서 세 가지 부정이 있었죠. '아니하고, 아니하고, 아니하며' 였는데 그것으로 끝나는 게 아니고 더 적극적으로. 긍정적으로 "하나님의 말씀을 즐거워하며 그것을 주야로 묵상하는 자로다"의 삶입니다.

I. 율법을 긍정하는 삶

처음에 말씀 드렸습니다. 율법이 즐겁습니까? 안 즐거워요. 율법이 즐겁다 하면 좀 이상하잖아요. '뭐 하지 마라, 뭐 하지 마라, 뭐 하면 죽는다'고 합니다. 율법이라는 말은 무엇인가 하면 토라(torah)인데, '토라'는 '야다'라는 동사에서 나온 것인데, '던지다'란 말입니다. 또 '교훈'이라는 뜻을 가지고 있습니다. 동성(動性) 즉, 다이나믹하게 움직이는 겁니다. 단순한 법이 아니라 국민생활의 교훈과 교리, 습관, 행동을 다 말합니다. 그래서 하나님의 율법은 무엇일까요? 하나님의 율법이 곧 하나님이라고 이해하시면 됩니다. '나는 뭐 율법이 좋다'고 하는 사람이 있었는지 몰라도 내가 볼 때는 사실과 거리가 멀지요. '뭐 하지 마라, 뭐 하지 마라, 뭐 하지 마라'. 그래서 우리는 율법을 지킬 필요가 없다는 식의 설교나 강의가 귀에 쏙 들어오지 않습니까? 안 해도 좋으니 그게 얼마나 좋아요 그러나 그것은 그 잘못된 겁니다.

1. 율법의 의미

앞에서 말씀드린 대로 복음과 율법은 적대관계가 아니라 복음이 율법을 완성했습니다. 그래서 우리 주님이 다 이루었다고 하셨습니다. 그러면 주님의 이루심을 본받고 우리도 이루려고 노력하는 겁니다. 이것이 복음의 삶입니다. 그건 다 끝났으니까 그냥 다 지나갔고 이제는 술 먹어도 되고 담배 피워도 되고라는 것이 아닙니다. 우리의 삶의 기준은 고린도전서에 있는 대로 '먹든지 마시든지 무엇을 하든지 하나님의 영광을 위하여 하라'(고전 10:31) 입니다. 젊은 친구들이 제 앞에 와서 물어요. "교수님, 술 먹는 게 죄입니까?" "취하지 말라 그랬다. 죄까지는 나는 모르겠다." "그런데 그거 먹으면 안 됩니까?" "하나님의 영광이 된다면 먹어라." 술 먹는 게 하나님 영광됩니까? 아니잖아요. 제 정신이어도 하나님 영광 못 드러내는데, 그렇잖아요. 맑은 정신가지고도 못하는데 한 잔 먹고 헤롱헤롱 해가지고 뭐 합니까? 그건 말이 안 되는 거죠. 그래서 우리의 기준이 '먹든지 마시든지 무엇을 하든지 하나님의 영광을 위하여 하라'입니다. 이것이 하나님의 영광이 된다면 하는 것이고 우리가 '죄다, 아니다.' 그걸 따질 문제가 아닙니다. 우리의 기준이 우리 자신의 삶이 아니고 하나님에게 있습니다.

기준(Standard)은 하나님입니다. 우리가 언제 다 완성합니까? 어려워요. 죽어야 하나님 앞에서 완성합니다. 그러나 주님이 이루어 주시니까 주님을 닮아가는 것입니다. 그래서 완성된 율법, 마음의 거룩한 교훈, 다르게 말하면 율법이 무엇입니까? 하나님 전체입니다. 하나님을 인정하는 삶, 모든 것에서 하나님 말씀을 인정합니다. 누구를 인정합니까? 말씀을 준 자들. 예를 들어서, 내 말을 인정하면 말만 인정합니까, 이 말을 한 사람도 인정합니까? 사람도 인정해요. 그와 똑같습니다. 우리가 율법을 인정하는 것은 하나님 전체를 인정하는 것입니다. 그래서 기준이 주님의 영광이 될까? 주님의 영광이 아니 될까? 이것이 기준이 돼야 됩니다.

2. 율법이 즐거움이 되는 삶

우리가 율법을 말할 때 중요한 것이 즐거움이 되는 삶입니다. 하나님의 말씀인 율법이 즐거워야 합니다. 그래서 즐거움이라는 말은 '기뻐하다'라는 동사에서 나왔습니다. 즐겁다는 게 무엇입니까? 세 가지 뜻이 있습니다.

(1) 좋아한다

첫째, '좋아한다' 입니다. 좋은 사람 만나면 즐겁지요. 한참 이야기했는데 잠시 시간이 간 것 같고, 마음에 안 드는 사람 만나면 몇 분 이야기 안 했는데도 지루해서 시간이 안 가게 되거든요, 가라고 말도 못하고. 그런 사람을 우리가 살다 보면 만납니다. 이제 우리가 여기 보면 율법을 즐거워한다고 했습니다. 이 말은 좋아한다는 뜻입니다. 하나님의 말씀을 좋아합니다, 저와 여러분이. 그래서 우리에게 이사야 58장 2절에 "하나님이 나를 찾아 나의 길 알기를 즐거워함이 마치 공의를 행하여 그 하나님의 규례를 저버리지 아니하는 나라 같아서"입니다. 그래서 하나님을 좋아합니다. 말씀을 좋아합니다. 이것이 우리에게 얼마나 중요한지 모릅니다.

(2) 관심을 갖는다

두 번째는 관심을 갖습니다. 이사야 1장 10절입니다. "소돔의 관원들아 하나님의 말씀을 들을지어다. 너희 고모라 백성들아 우리 하나님의 법에 귀를 기울일지어다". 그래서 말씀에 관심을 가집니다. 우리 성도의 삶 가운데 하나님의 말씀에 관심을 가지는 사람들입니다. 이게 복된 삶입니다. 지난 금요일 날, 최창섭 장로님이 날 찾아왔어요. 그분이 누군가 하면 MBC 아나운서 실장을 하였고 아나운서를 38년 한 사람입니다. 그런데 이제 그분 하는 일이 너무 감사해서 도와주려고 하는 건데 아나운서를 하였으니 목소리가 아주 좋아요. 하루는 어느 목사님이 그 장로님에게 그 좋은 목소리를 가지고 하나님 영광 위하여 사용하라 하더래요. 자기가 가진 게 목소리 밖에 없으니까. 이걸 가지고 창세기부터 계시록까지 성경을 녹음을 했대요. 녹음을 다 해서 CD를 만들어서 그냥 나눠주려고 했습니다. 그러다 보니까 성경을 읽다 보니까 문맥이 안 맞는 데가 많더래요. 성경이 '정말 이게 성경이 이렇게 했겠나, 이거 틀렸다.' 그래서 하는 말씀이 무엇인가 하면, 예를 들어보면 마태복음 5장에 산상보훈에서 복 있는 자에 대해 말하면서 "심령이 가난한 자는 복이 있나니 천국이 그들의 것임이요"라고 했습니다. 예수님이 그렇게 설교하셨겠나? "여러분, 마음이 가난한 자는 복이 있습니다. 하늘 나라가 여러분의 것이기 때문입니다". 그랬겠죠. 존칭어를 썼을까요? 비하어를 썼을까요? 존칭어를 썼을 거예요. 우리 사람과 사람 사이에도 존칭어를 쓰는데 예수님이 대중 앞에 설교하는데 안 그랬겠나요? 그가 그런 생각이 들어서 창세기부터 계시록까지 12년에 걸쳐서 구어체(口語體) 성경으로 다시 썼어요. 〈구어체 성경〉을 출판했습니다. 그 책을 보고 내가 웃으면서 "장로님, 미친 사람 여기 또 하나 더 있네요. 나만 미친 줄 알았는데, 미친 사람, 그래도 우리가 미친 거는 제대로 미쳤습니다."고 했습니다. 요새는 그 책을 또 수정한대요. 이제 신약 들어가니까 금년 말까지 하고 새로 판을 낸대요.

제가 그걸 보니, 그 장로님에게 누가 돈 대주는 것도 아니고 자기 한 평생 벌어 놓은 것을 투입하고 자기 재능을 가지고 성경을 쉬운 말로 만들어서 〈구어체 성경〉을 편찬했습니다. 목사님들이 제 연구실에 찾아오면 그 성경 보여주면 "이거 어디서 구합니까? 이거 좀 하나 구해주세요."라는 사람이 많아요. "설교할 때 그대로 읽어도 되거든요" 하였습니다. 그렇습니다.' 이런 식으로 되어지니까. 하나님의 말씀을 평신도 장로님이 12년에 걸려서 신/구약을 다 새롭게 정리하여 구어체 성경을 내었습니다. 신학 공부한 사람도 아닙니다. 자기가 번역한 게 아닙니다. 신학자가 아닌데 구약 성경 열 몇 페이지를 놓고 보니 표현이 이상하더래요. 자기가 아나운서를 삼십 몇 년을 했는데 이런 것에 민감하겠지요. 내가 웃으면서 "장로님, 아나운서하면서 대표적으로 기억나는 중계방송이 뭐에요?" 올림픽 할 때, 일본하고 축구 게임할 때, 그 중계방송을 장로님이 했대요. 하나님이 그런 사람을 들어서 말씀을 생각하고, 말씀 속에 빠져들어 가게 했습니다. 이게 하나님 은혜 아닙니까? 여러분이 엄청나게 큰 것 하려고 하지 마세요. 여호와의 말씀에 관심을 가집시다.

(3) 소원한다

세 번째 소원합니다, 소원입니다. 호세아 6장 6절에 "하나님 아는 것을 원하노라"고 했습니다. 호세아 6장 6절에서 율법을 좋아하고 율법에 관심을 가지고 그 율법을 우리가 소원한다고 했습니다. 그래서 시편 112편 1절에 "그의 계명을 크게 즐거

위하는 자가 복이 있도다"라고 했습니다. 하나님의 말씀을 즐거워하는 자가 복이 있습니다. 그래서 이런 즐거워하는 삶을 우리가 살아가야 합니다. 그러면 우리에게 중요한 것이 무엇입니까? 저와 여러분들이 이 삶을 살아갈 때 가장 중요한 것이 하나님의 말씀에 관심을 가집니다.

II. 주야로 율법을 묵상하는 삶

그 다음은 율법을 주야로 묵상하는 삶입니다. 2절에 보면 '율법을 주야로 묵상하는도다'고 했습니다. 묵상이 무엇입니까? 묵상에는 몇 가지 의미가 있습니다.

1. 묵상의 의미

(1) 탄식한다

첫째, 탄식한다, 신음한다, 한탄한다 입니다. 우리가 흔히 생각해볼 때, 묵상하면 조용하게 눈 감고 가만히 앉아 있는 게 묵상이라고 생각하는데 원 뜻은 그게 아닙니다. 아주 탄식을 하고, 신음을 하고, 한탄을 합니다(사 38:14, 시 69:2).

(2) 소리를 낸다

그 다음 두 번째는 소리를 낸다, 발언 한다. 낭독 또는 설교한다는 말입니다. 소리를 냅니다. 묵상한다고 하니까 조용하게 하나님의 말씀을 듣는 것만이 아니고, 내가 소리를 내고 발표하는 것입니다.

(3) 꾸민다

그리고 묵상하고 꾸민다입니다. 또 경영한다(시 2:1)입니다. 하나님의 계획을 이루기 위하여 계획하고, 경영하는데 관심을 모읍니다. 이것이 율법을 묵상하는 또 다른 의미입니다.

(4) 숙고한다

네 번째는 숙고한다입니다. 이 말은 명상한다, 생각하며 말한다는 뜻입니다. 그래서 우리에게 중요한 무엇인가 있다면, 우리가 하나님의 말씀을 가슴에 새길 때 가만히 있는 것이 아니라 외치고 나아가는 묵상하는 삶이 있어지기를 원합니다. 이것이 너무 좋아서 성경 강해 시리즈 이름에 〈시편 묵상〉, 〈로마서 묵상〉, 〈빌립보서 묵상〉, 〈에베소서 묵상〉이라고 했습니다. 제가 묵상이라는 단어를 많이 사용합니다. 그 이유는 묵상이 그냥 조용하게 앉아 읽고 있으라는 말이 아니고 외치고 내 마음에 넣어

넣고 간직하고 하는 그와 같은 요소를 말합니다.

우리가 율법이라고 하면 많은 사람들이 귀찮은 것, 억지 쓰는 것 이렇게 오해를 하는데 율법은 그게 아닙니다. 주님이 전부고 하나님의 말씀이 전부입니다. 좋은 사람은 어떤가요? 생각나지요? 그럼 내가 제일 좋아하는 사람이 누굴까? 맛있는 것 먹을 때 생각나는 사람입니다. 어렵게 따질 필요도 없어요. 내가 뭐 좋은 거 보고 어디 좋은 데 가면 '아이고 그 사람도 이걸 봤으면 좋겠다'는 그런 생각이라면 좋은 사람이에요. 남편이 어디 가서 자기 혼자 먹고 부인은 먹었는지 안 먹었는지 생각 안 나면 그건 엉터리에요. '자기 알아서 먹겠지' 하면 안 되는거에요.

사랑이 무엇입니까? 저는 그것을 기억하는 것(Remember)이라고 정의합니다. 사랑이라는 건 리멤버(Remember), 기억하는 것입니다. 하나님의 사랑을 기억하는 겁니다. 좋은 사람을 기억합니다. 그래서 사랑하는 사람을 위하여 기도하는 것입니다. 기억이 나야 기도할 거 아닙니까? 집회에 가면 강사에게 참 순진하게도 찾아와서, 어떤 사람은 봉투까지 준비해주면서 "목사님, 저를 위해서 기도해 주세요." 그러면 "내가 한 평생 권사님을 위해서 기도하겠습니다." 이건 99.99% 거짓말입니다. 제 기도도 다 못하는데 이런 엉터리 약속을 합니다. 나한테 그런 사람도 없습니다만, 간혹 있으면 저는 이렇게 대답합니다. "기억날 때 기도하겠습니다." 기억 안 나면 못 하잖아요. 기억날 때 기도하는 것, 우리가 기도하는 것, 하나님 주신 은혜입니다. 그래서 우리가 하나님의 말씀, 기도하고 율법을 가슴에 새기고 이 율법을 우리들이 묵상합니다.

2. 묵상의 시기

그 다음 묵상의 시기입니다. '주야로 묵상한다' 그랬습니다, 밤낮으로 묵상합니다. 하나님의 말씀을 묵상하는 의미에 세 가지가 있습니다.

(1) 습관적으로

습관적이란 말입니다. 하나님의 말씀을 습관적으로 항상 묵상하는 것입니다. 묵상이 하나의 생활습관이 되어야 합니다. 묵상이 일시적으로 되어지는 것이 아니라 삶의 형태로 자리잡아야 합니다.

(2) 매일 정한 시간에

매일 시간을 정해놓고 성경을 읽습니다. 하나님과 영적 교제를 합니다. 새벽에 교회 나옵니다. 말씀을 묵상합니다. 가정에서도 시간을 정해 놓고 말씀을 묵상합니다. 그러니 '정시 묵상'이라고 할 수 있습니다. 이것을 실천합시다.

(3) 밤중에 깨어서

밤에도 깨어서 말씀의 활동 사역을 보는 그와 같은 상태를 말합니다. 그래서 묵상이 무엇이냐, 그저 눈 감고 잠시 하는 것이 아니라 주야로 습관적으로, 항상 하나님의 말씀을 기억하고 나가는 것입니다.

우리가 보면 중요한 것이 무엇인가 하면, 하나님의 말씀을 습관적으로 묵상하는 것입니다. 저는 요새도 매일 습관이 5시 반쯤 일어나서 지하 연구실에 내려가서 성경 10장 읽어요. 그리고 시 한편 씁니다. 매일 시 한 편을 쓰고 있습니다. 일기를 쓰듯이 시를 씁니다. 그리고 기도하고 책 읽다가 7시 반쯤 되면 올라와서 가정 예배를 드려요. 둘이 앉아 성경 5장을 읽어요. 그리고 밥 먹고 각자 움직입니다. 하루에 15장을 읽어요. 매일 시 한 편씩을 쓰고 15장 읽으려면 1시간 더 걸려요. 그래서 이렇게 습관이 되니까 문제가 없습니다. 내가 입원했을 때도 아무 책도 안 보고 성경만 읽으니까 창세기부터 계시록까지 한 주일 만에 읽었습니다. 성경책 뒤에다가 읽은 날짜를 썼어요. 그리고 한문 성경을 읽었어요. 이유는 한문공부도 한다고 읽었습니다. 성경 뒤에 며칠 시작해서 며칠 끝났다고 썼어요. 갈수록 짧아져요. 처음에는 한 달 걸리던 게, 그 다음은 3주가 되고, 2주가 되고, 한 주일 만에 일독(一讀)을 했습니다. 수많은 책을 사서 보고, 제가 보통 한 주일에 책 두 권 정도, 어떤 때는 5권도 사요. 한 달에 15권 이상은 다달이 책을 샀습니다. 그렇게 사서 보면서 이것이 몸에 베어요. 몸에 베어 가지고 사람들마다 아이고, '이 책 다 어째요?' 합니다. 감사한 것은 책꽂이에 놓을 데가 없다고 이렇게 쌓아 놓았더니 어떤 목사님이 오시더니, 그 목사님이 요새도 잘 교류를 하고 있습니다. 우리 교단은 아닌데 제자의 친구에요. 하루는 왔어요. 사모님도 여자 목사님인데 그 목사님이 "자기 집사람이, 생일선물이라고 한 장 줬습니다". 돈을 주었답니다. "한 장, 100만 원 주더냐?" 했더니 "아니요. 동그라미 하나 더 붙여 천만 원 주더라고요." 아이고, 그 양반 통 크다. 남편에게 천만 원을 뭐 하라고. 현찰 줄 사람 없잖아요. 그런데 봤더니 그 중에 십일조라고 100만 원을 자기가 떼어서 나무를 사다가 내 책꽂이를 만들어준 거예요. 또 목수 기술이 있어요. 자기가 다 만들어 내 책을 정리하고 그렇게 쭉 했는데요. 내가 여기서 늘 느끼는 것은 책을 읽고 말씀 읽는 것, 시편을 그런 식으로 해석을 하고, 시편을 번역하고, 요새는 잠언, 아가서, 전도서. 시로 쓴 아가서, 사랑의 시를 더 시로 더 멋지게 표현해 보려고 합니다.

그래서 여러분 제가 권하는 것은 성경 66권 다 좋아합니다만, 그 중에 특별히 좋아하는 성경 한두 권을 정하세요. 저는 어릴 때부터 시편을 많이 읽었어요. 여기에 대해 썼습니다. 머리말에 "내가 어릴 때부터 시편을 많이 읽었다. 처음 읽을 때는 짧아서 읽었다". 맞죠? 성경 몇 장 읽어라 하니까 시편은 짧으니까 금방 보잖아요. 그래서 시편에 끌려 들어가서 시편을 연구하고, 시편의 해석서를 쓰고, 시편을 노래하고, 시편을 짓는 그런 일을 하게 됩니다. 우리가 보면 습관적으로, 교회 갈 때만 성경을 보는 것이 아니라 항상 말씀을 가까이 하여야 합니다. 어느 교회 가서 내가 설교를 하였는데 성경 하박국서를 봉독을 하니까 어떤 성도가 앞에 앉아서 쭉 찾더니 '내 책에는 없네' 합니다. 그때는 자막이 없을 때입니다. 내가 보니까 신약만 들고 와서 자기 책에는 없다고 해요. 하박국서가 구약인지 신약인지도 몰라요. 그런 사람이 많아요. 요새는 교회에 자막을 띄우니까 그런 말 안 합니다. 한 번은 우리교회 대학생 하나가 빈손으로 터덜터덜 교회에 오더라고요. "야, 너 왜 교회 오는데 성경찬송도 안 가져오냐?" 이 놈이 어릴 때부터 교회 다니니까 능글맞아 가지고. "목사님. 교회에서 부르는 찬송은 내가 어릴 때부터 불러서 다 알지요." 자기가 다 안대요. "성경은?" "성경이야 목사님이 바로 읽으시겠죠. 목사님이 바로 읽을 줄 믿고 안 가져왔어요". 그런데 우리는 요새 자막이 있으니까, 요새 교인들이 성경 찾을 줄 몰라요. 이것은 문제 있죠? 성경 찾기. 본문에 줄 쳐가면서 성경을 읽었으면 좋겠습니다, 습관적으로 했으면 좋겠습니다.

3. 묵상의 태도

성경을 습관적으로 읽는 나의 습관을 말씀을 드렸습니다만 이렇게 읽어집니다. 그래서 묵상하는 태도가 뭡니까?

(1) 깊이 생각하는 태도

하나님의 율법을 주야로 묵상하는 태도이고 그냥 필수품 이상으로 생각하는 심정입니다. 우리가 필수품, 어디 갈 때 치약, 칫솔 가져가잖아요. 그것처럼 말씀을 가지고 가야 합니다. 저는 후배들이나 제자들에게 야단을 자주 칩니다. 그러면 슬슬 피해요. 성경봉독하러 강단 위에 올라간 목사가 핸드폰에서 성경 찾아가 읽어요. 그걸 보고 내가 "내려와, 이리 와, 하나님의 말씀 누가 읽을 줄 몰라서 너한테 읽어라 그러냐, 성경책을 왜 안 들고 오냐?" 이렇게 야단칩니다. 그런 사람 많아요. 요새 교회 성경책 안 가져와요. 행사하면 순서지에 성경 본문, 찬송가 다 집어넣어야 돼요. 옛날에는 성경 찬송 들고 다녔습니다. 자기 성경, 내가 받은 은혜, 형광펜을 가지고 줄 쳐가면서 읽어야 합니다. 이렇게 내가 공부하는 그런 습관, 그래서 생활 필수품 이상으로 성경을 생각합시다.

(2) 사랑하는 태도

율법을 사랑하는 태도. 억지로 읽는 게 아닙니다. 여러분, 좋은 사람하고 전화하면 30분 전화해도 금방 가죠. 뭐 그래 할 말이 많아요. 친구들하고 전화할 때 매일 전화하는 사람하고 오래 합니까? 1년에 한 번 전화하는 사람하고 오래 합니까? 1년에 한 번 전화하는 사람 전화하면 할 말이 없어요. '잘 있지?' '잘 있다'. 별일 없지? '집안 별일 없나?' '별일 없다'하고 나면 할 말이 없어요. 매일 만나는 사람은 어제 누구 만나 뭐 하고 시시콜콜 이야기합니다. 누가 보면 매일 만나면서 떠들고 전화통 잡고 있다고 그렇게 욕할지 몰라요. 이게 서로 무엇입니까? 사랑하는 관계이기 때문에 그런 소리를 합니다. 그래서 우리 옛날 속담처럼 '몸이 멀어지면 마음도 멀어진다.'는 원리에요. 성경에 없지만은 진리에요. 안 보면 눈에서 사라지면 우리의 생각에서 사라집니다. 그래서 요새 보면, 내가 핸드폰이 없으니까 사람들이 "왜 핸드폰이 없습니까?" "가난해서 핸드폰이 없다." "하나 사드릴게요."

"내가 살게, 현찰 주라." "그럼 그거로 책 사시려고요?" 책 산다고 소문이 나 있으니까요. 그런데 어떤 사람은 알아요. 언제 전화하면 저 양반, 책상 앞에 앉아 있다고 자기 나름으로 터득을 했어요. 그 시간에 전화하면. 누가 전화 안 된다고 난리 치면 옆에서 "나는 할 때마다 받던데"라고 합니다. 그것도 왜? 관심이 있기 때문에. 우리 부부 사이에도, 친구 사이에도 우리가 기도하고 목소리 듣고 합니다. 연예 프로처럼 '사랑합니다' 말하세요. '뽀뽀합니다.' 하고, 그 가식적으로 하지 말고 마음에서 우러나야 되잖아요. 마음에서 우러나는 것이 중요합니다. 그래서 성경을 사랑하는 태도가 필요합니다.

(3) 갈망하는 태도

세 번째는 전심전력으로 갈망하는 태도가 필요합니다. 하나님의 말씀을 대충 보는 게 아니라 '아멘. 아멘' 하면서 볼 수 있기를 바랍니다. 시편에 보면 '여호와를 찬양하라, 아멘 아멘'. '인자하심이 풍성하시도다, 아멘'. 그래서 우리가 목사님이 설교하실 때 '아멘.' 합니다. 왜? 아멘의 뜻이 뭐에요? '말씀이 나의 것이 되기를 원합니다'. '나도 그와 같이 되기를 동의합니다'란 뜻입니다. 목사님이 설교하지만은 내가 동의한다. 그 말 아닙니까? '아멘.' 이 필요합니다.

정착촌 한센병 환자 마을에 살 때입니다. 제가 기억은 남들보다 뛰어납니다. 핸드폰 없이 살아도 어지간히 나하고 관련된 사람들 전화번호는 다 외워요. 그때 우리 동네 98 집이었습니다. 우리 동네는 교인이 늘지도 안 하고 줄지도 안 해요. 98 집 외에는 다른 데서 안 오거든요. 마을 안의 사람만 교회에 나옵니다. 마을 사람 400명 내가 다 외워요, 생일까지 외웁니다. 어느 날 하루는 전화했습니다. "야, 아무개 애미야." "예, 목사님." "너 내일 나 오라 안 그러냐" "내일 뭔데요?" "네 아들 생일 아니냐?" "아이고, 잊어 버렸어요", 엄마가 잊어 버렸어요. 그래서 부랴부랴 생일 준비, 장을 봐서 생일상 차리고 아침에 오라 해서 예배 인도를 하고 모른 척하고 있었어요. 그 집 엄마하고 나하고 둘이만 알지요, 예배 인도하고 나니, 나한테 졸졸 따라오더니 "목사님, 그걸 다 어떻게 기억해요?" "거지하고 목사는 다 기억한다." 옛날에 시골에 거지들이 동네 제삿날 다 기억했잖아요. 어느 집이 잔칫날이고 제삿날인지 기억하듯이 목사와 거지는 다 기억한다. 내가 1년에 두 번 심방하니까, 가을 심방인 것 같아요. 박집사 집에 가서, "지난 봄 심방 때 내가 이 집에 무슨 말씀을 했습니다." 하고 성경을 풀이했거든요. 다 끝나고 났더니 작년 녹음테이프를 트는 거예요. 맞는지 안 맞는지 확인합니다. 틀어보니 맞거든요. 그걸 어떻게 다 기억하느냐고요? 예, 저는 잡학박사가 되어서 신학박사, 선교학 박사 위에 하나 더 있는데 잡학박사입니다. 그래서 우리 교단 총회장이 작년에 집사람 팔순 예배 때 나에 대해 말하면서 "모르는 거 빼놓고 다 아는 사람이래요". 그렇게 웃으게 소리를 했습니다. 우리가 이렇게 전심전력으로 기다리고 기억해야 합니다. 우리가 그런 역사가 필요합니다.

(4) 율법의 단맛에 빠지는 태도

그 다음 네 번째 율법 속에 있는 단맛에 빠지는 태도입니다. 그래서 성경 시편에 뭐라고 나옵니까? 꿀보다 더 달고 송이 꿀보다 더 달다고 했습니다. 꿀이 단 거 어떻게 알아요? 먹어봐야 알지요. 아무리 꿀이 달다 해도 안 먹어본 사람에게는 설명이 안 돼요. 꿀이 단 것을 알게 하는 제일 좋은 방법 한두 번 떠서 먹여보면 됩니다. 하나님의 말씀이 달다는 이유가 어디에 있습니까? 먹어보면 됩니다. 그럼 저는 요새 뒤늦게 성경 읽고 공부하는 게 재미가 붙어 가지고 여러 종류의 성경, 각 나라 성경, 나한테 한 30종류 정도 있어요. 북한 성경까지 가지고 있습니다. 쭉 세워놓고 보면 남들이 보면, "아니 그 나이에 책 보는 사람 있습니까?" "아직 몇 살 안 됐다. 나는 8살 밖에 안 됐다. 아직 철이 안 나서 그렇지. 철 나려면 오래 걸린다." 그렇게 웃는데 다른 것도 없어요. 육신의 나이가 중요한 게 아닙니다. 우리의 정신적인 나이, 마음의 나이가 중요합니다.

하나님의 나라 운동은 내가 전개하는 운동입니다. 이 〈하나님의 나라 운동〉이라는 책이 금년에 나왔어요. 거기에 보면 10가지 책 시리즈 목록이 나와 있어요. 출판사 사장을 보고 "이 책 다 내고 내가 죽을 거다" 그랬더니 출판사 사장이 받아서 하는 말이 "예, 그러면 제가 천천히 낼게요." 합니다. "왜?" 하니까 "그래야 천천히 죽을 거 아닙니까?" 그래서 한바탕 웃었는데 죽고 살고는 하나님이 하시는 일이니, 우리의 목표를 정합시다. 그래서 내 마음에 가족 외에 한두 사람, 내가 위하여 기도할 수 있는 사람, 내가 진심으로 기도할 수 있는 사람, 얼마나 소중합니까? 그런 영적 관계, 이것이 형성되기를 바랍니다. 위하여 기도할 수 있는 사람, 그래서 우리 주 안에서 형제가 이런 게 중요합니다. 우리가 날마다 기도하는 사람입니다.

결론

그런데 우리가 왜 율법을 사모하지 못합니까? 사모하지 않기 때문입니다(시 42:1). 또 우리가 병들었기 때문입니다. 병든 몸에 꿀이 달게 느낍니까? 꿀이 안 단 사람 있어요. 병이 나서 입에서 쓴맛이 도는 사람. 먹어도 먹는 게 맛이 안 나는 사람. 잘 살 사람이 먹어야 삽니다. 우리가 하나님의 말씀을 왜 못 먹습니까? 내 몸이 병들었기 때문에, 영혼이 병들었기 때문입니다. 어떤 분들은 설교할 때 성경 한 구절 읽어 놓고 끝날 때까지 그 말씀이 안 나와요. 엉뚱한 소리만 해요. 뭐 하면 성공하고라고 성공학 또는 축복론을 '강연'합니다. 그것도 설교라고요. 우리가 교회에 와서 성공의 법칙을 배우려고 온 게 아닙니다. 구원의 법칙을 배우지요. 그렇죠? 우리가 구원받고, 우리가 하나님 앞에 복된 삶을 사는 법칙을 배우는 겁니다. 그래서 우리가 보면 병들었기 때문에 좀 더 심한 경우에 우리의 영이 죽었기 때문에 말씀을 귀찮게 여깁니다. 이것이 중요한 겁니다.

여러분들, 꼭 소중한 성경을 가지고 다니세요. 어디 여행 가실 때는 핸드폰에 나온 성경 앱이라도 읽으시기 바랍니다. 핸드폰 들고 다니잖아요. 혼자서 뭐 합니까? 이렇게 말씀을 읽고 그러면 나중에 말씀이 나에게 말씀해 줍니다. 내가 억지로 해석하려고 하지 마세요. 제가 극동방송에 상담 프로를 오래 했는데, 즉석 상담은 전화 오면 받아서 그 자리에서 답해줘야 됩니다. 내가 무슨 만물 박사입니까? 근데 방송에서는 척척 해줘야 되잖아요? 누구한테 연결을 시켜줘요 "목사님, 고린도전서 몇 장 몇 절은 무슨 뜻입니까?" 그걸 내가 어떻게 아나요? 그렇다고 내가

"모릅니다."고 대놓고 그럴 수도 없으니까요. "저, 청취자님께서 나가시는 교회 목사님에게 물어보세요." 내가 그랬거든요, 빠져 나가려고요. 그분이 "우리 목사님에게 물어보니 모른대요." 그 분이 그런 거 가지고 골탕 먹이는 사람 같아요. 그럼 나도 이제, "아니 목사님이 모르는 거를 내가 어떻게 아나요?" 그랬더니 대답이 대단했어요. "방송하시는 박사님이 그것도 몰라요?" "내가 모르는 걸 모른다고 하는 건 바보만 되면 되고, 모르는 걸 아는 체 하면 거짓말하는 죄를 범합니다." 그랬거든요. 그렇죠? 모르는 거 모른다 하면 바보만 되면 되는데 모르는 걸 아는 체 하면 내가 거짓말하는 죄를 범합니다. 그랬더니 PD가 "아, 좋은 대화를 나눴습니다." 가로채 가지고요 "다음 질문 받겠습니다."라고 했습니다. 마치고 난 후에 날 보고 PD가 "에잇, 대충 대답해 주시지요." "야, 듣는 사람 중에 신약 전공한 박사가 있을 텐데 내가 정확하게 모르고 말하면, '저 양반 뭐 책도 쓰고 아는 척, 혼자 돌아다니면서 이것도 모르고' 이럴 거 아니야, 차라리 바보 되는 게 낫지." 그러니까 PD가 깔깔 웃습니다. 방송에 나와서 대놓고 모른다 하는 사람 처음 봤대요. 대놓고 모른다 하는 사람은 모르는 거 모르잖아요. 목사님도 다 아는 게 아니에요. 그런데 많은 목사님들이 착각을 합니다. 자기가 전지전능한 줄 알아요. 반지반능도 아니거든요. 모르는 거 모른다 하세요. 내가 우리 교인들이 물으면 내가 대답하기를, "하필이면 왜 그걸 물어, 내 아는 거 묻지, 집사님도 참 못됐다." 그러면 "내가 왜 못돼요?" 왜 내가 모르는 것만 골라 가며 묻냐 그랬거든요. 그리고 한바탕 웃고 넘어가야지 어찌합니까?

여러분, 말씀 사모합시다. 하루에 저는 15장을 읽는데, 억지로 15장 다 읽지 말고 매일 석 장씩, 주일날 5장, 그러면 1년에 신/구약 1,189장 일독합니다. 하루 밥 세끼 먹죠? 그 때 성경 세 장 읽읍시다. 주일날 간식 먹읍시다. 두 장 더 읽어요. 그러면 1년에 신/구약 일독을 합니다. 그래서 제가 학생들을 지도할 때 '매삼주오 운동' 매일 석 장, 주일 5장 운동을 했습니다. 그래서 식탁 위에 성경책을 두세요. 가정 예배 드려요. 성경 가져오라 하면 안 됩니다. 애들이나 어른이나 이런 습관을 가져야 합니다. 우리는 우리 집에서 식탁 위에서. 그런데 밥 먹고 하려고 하니까 처음에는 밥 먹고 성경 읽고 했더니 잘 안 돼요. 뭐 설거지 한다고 일어나고 해서 안 되니까 밥 먹기 전에. 그래서 밥을 먹기 위해서도 빨리 끝내야 돼요. 제가 왜 이런 이야기를 하느냐 하면 이것이 일상의 이야기입니다. 성경 읽는 것을 어려운 것으로 생각하지 마세요. 앞에서 말한 핸드폰에 있지요. 혼자 있을 때, 친구 기다릴 때, 말씀을 묵상하고 몇 절 읽고 친구 만나면 욕이 올라오다가 참을 수 있어요. 욕하고 싶은 것, 말씀이 눌러줍니다. 그래서 그쪽에 막 대들 때 옆에서 생글생글 웃으면서 "그래 고맙다. 내가 부족했지" 그러면 욕하던 사람도 또 욕을 못합니다. 그이기는 방법 중에 하나가 이것입니다. 우리가 보면 맞붙으면 이게 자꾸 이렇게 올라가잖아요. 이걸 핸들링하고 컨트롤 할 것은 말씀밖에 없습니다.

기도드립니다. 하나님 아버지, 우리가 말씀을 즐거워하며 말씀 속에서 살아갈 수 있는 은혜를 주옵소서. 예수님의 이름으로 기도드립니다.

제3강

형통의 삶

제3강

형통의 삶

시편 1편 3절
그는 시냇가에 심은 나무가 철을 따라 열매를 맺으며
그 잎사귀가 마르지 아니함 같으니 그가 하는 모든 일이 다 형통하리로다

1절은 무슨 삶입니까? 부정의 삶입니다. 2절은 긍정의 삶이고 3절은 형통의 삶입니다. 6절까지 하나하나 삶과 연결된 제목을 붙입니다. 이 시편은 히브리인들의 생활 철학은 윤리적인 것이나 교육적인 문화뿐만이 아니라 하나님 앞에서 긍정적인 모습을 보여줍니다. 이것이 본질적인 문제입니다. 악에 대하여 부정하고, 율법에 대하여 긍정하고, 그렇게 되면 우리에게 뭐가 옵니까? 형통이 옵니다. 잘 되는 게 옵니다. 여러분 우리가 살고 우리가 잘 되어야 될 거 아니에요? 맨날 꼬장꼬장하게 살다가 가렵니까? 형통의 요소가 무엇입니다? 부정하고 긍정하고 그 다음 형통의 답이 나옵니다.

I. 생명의 삶

　형통의 삶이 무엇일까요? 그것은 생명의 삶입니다. 3절에 '시냇가에 심은 나무'라고 했습니다. 여기 시냇가란 그냥 졸졸 흘러가는 시냇물이 아니고 관개수로입니다. 사람이 만든 수로(水路)라는 뜻입니다. 이것은 물이 흘러가도록 1년 12달, 저수지에서 물이 흘러가도록 하는 시내입니다. 우리가 보면 시냇가라고 하니 시골에서 졸졸 흘러가는 것을 연상하는데 그런 시냇가가 아닙니다. 그래서 고대 바벨론이나 이집트에서는 과수원에 물을 넣기 위해서 운하 같은 것을 만들어서 거기에 물이 흐르게 했습니다. 여기에서 시냇가에 이런 나무를 키우는데 우리 극동지방 사람은 이해하기 어렵습니다. 여기 '심은 나무'라고 했는데 시냇가에 심은 나무보다 더 정확하게는 '심기운 나무'로 다른 데서 이식해 온 나무입니다. 우리가 나무를 심어보면 어떻게 해요? 옮겨 심지요? 뿌리내리고 있습니다.

　그들은 자신들의 삶이 열매를 맺게 됨을 알 것입니다. 시냇가에 심긴(아마도 옮겨심긴) 자리를 잘 잡은 나무라는 이미지는 자연스럽고 익숙합니다. 중동의 기후에서 오랜 건기는 과일나무에서 과일이 익어가면서 물이 가장 필요할 때 다가옵니다. 그러므로 과일나무는 뿌리가 닿을 수 있는 물 공급이 원활한 가까운 곳에 심길 필요가 있습니다. 그렇다면 "수로"(water channels)는 자연 시내이거나 용수로일 수 있습니다(참조 잠 21:1). 시작하는 구절은 예레미야 본문에서는 "통로"(channels)라는 단어가 없다는 것을 제외하고는, 정확하게 예레미야 17:8의 첫 구절과 동일합니다.

> 그는 물 가에 심어진 나무가 그 뿌리를 강변에 뻗치고 더위가 올지라도 두려워하지 아니하며 그 잎이 청청하며 가무는 해에도 걱정이 없고 결실이 그치지 아니함 같으리라(렘 17:8)

예레미야 17:5-8의 말씀은 이 비유를 상세히 설명하는데, 물론 이 비유를 경건함보다는 여호와를 의지한 결과에 적용합니다. 에스겔 17:1-10, 19:10-14도 여호와가 심으신 누군가로서의 왕에 이를 적용하지만, 이 이미지를 활용합니다. 예레미야 17장은 문맥에서 정치적 함의를 지닐 수도 있습니다.

이와는 대조적으로 시편 1편은 이 원리를 모두에게 적용하여(참조. 시작하는[그사람]), 그들의 평범한 삶에 요구하고, 그 요구는 도덕적 삶과 관계된다고 선언합니다. 비록 "통로"(channels)가 예레미야 17장에는 없지만, 시편 48:4[5], 65:9[10]에 나오며,

이런 연관성은 의인을 새롭게 하는 수로가 여호와가 제공하시는 수로, 특히 여호와가 시온으로도 시온에서도 흐르게 하는 수로임을 시사할 수 있으며, 실로암이 이 수로의 상징입니다. 하지만 이 시편은 여호와의 가르침이 이에 대한 열쇠라고 제안합니다.

하지만 의인은 어떻게 좋은 위치에 있는 나무와 같습니까?

둘째 행은 첫째 행(개역개정에서는 첫째 행과 둘째 행이 바뀜)에서 암시하는 질문에 답하는데, 즉 이런 나무는 계속 열매를 맺고 있어 무성하게 하는 방식으로 된다는 것입니다. 이는 이 절에서 줄곧 긴장감을 불러일으키는데, 3c-d절이 이를 해석하지 않고 비유를 발전시키기 때문이다.

이 둘 콜론은 병행을 이룹니다. 타동사가 한 쌍을 이룹니다. 열매와 잎의 무성함이 서로 균형을 이룹니다. 즉, 열매는 나무가 목표 삼는 것이지만, 잎이 무성하지 않고서는 열매가 없을 것입니다. "철을 따라"라는 표현은 중앙에서, 열매 맺는 철 역시 가장 압박을 가는 철이라는 사실을 암시합니다. 여름의 태양은 열매를 맺는데 필수적이면서 위협이 되기도 하는데, 열매를 맺게 하면서도 잎을 시들게 하기 때문입니다.

이 행은 이런 식으로 복에 대해 말함으로써 시작하는 시편의 위협적 측면을 숨기지만, 의인들이 의롭지 않기 때문이 아니라 의롭기 때문에 시들 가망이 있음을 암묵적으로 인정합니다. 이런 가정은 이어질 시편의 특징과 연결되는데, 시편들은 종종 번성하기보다는 시드는 것과 같은 경험을 전제합니다. 시편 1편은 이것이 삶이 적용하는 방식이 아니며, 이어지는 시편들도 일반적 상황이 아니라 예외적 상황을 나타낼 것이라고 약속합니다.

그렇다면 이 비유는 무엇을 의미합니까?

대답은 3c-e절을 세-콜론으로 만드는 여분의 콜론에서 오는데, 이 세-콜론은 운율에서는 예기치 못했지만 본질적으로 필요합니다. 마소라 본문은 이 절을 3a-d절 뒤에서만 구분하는데, 이는 마지막 콜론이 전체 3a-d절에서 제기하는 질문에 답하는 방식을 나타냅니다. 마지막 콜론도 첫째 콜론(3a절)과 병행을 이루며, 두 콜론은 나무보다는 의인에 대한 진술이 됩니다. 복과 같이 형통함은 두 측면을 지닙니다. 형통함은 공격에서의 보존됨(사 54:17; 겔 17:15)과 긍정적인 성취(창 24:56; 대상 22:11; 렘 22:30)를 포함합니다.

실제로 단어들에서는 아닐지라도, 3절을 마무리하는 "형통하리로다"와 1절을 시작하는 "복"이 쌍을 이룹니다.

"악인들의 길이 왜 형통합니까?"

이런 불편이 실제로 예레미야서에 나오지만(렘 12:1을 보라), 시편에도 나올 수 있습니다. 예레미야의 각 말씀이 시편에 나오며, 예레미야는 악인들이 열매를 맺는다는 사실에 계속 애통해

합니다. 예레미야의 말씀과 이 시편의 말씀은 서로 대조되는데, 이 시편은 시편에서 이어질 애가들을 예상하기 때문입니다.

마지막 콜론은 앞선 두 콜론과 공통되는 어순의 특징을 지닙니다. 세 콜론 모두에서 명사 표현이 특이하게 동사보다 앞섭니다. 이는 "나무의 열매에 대해서는, 나무는 철을 따라 열매를 맺습니다. 나무의 잎이 무성함에 대해서는 잎이 시들지 않습니다. 그들이 하는 모든 일에 대해서는 그들은 모두가 형통하게 된다"고 시사합니다.

이 표현들은 여호와가 여호수아에게 하신 도전과 비슷한데(수 1:8), 이 도전에서 이미 여호수아에게 모세의 가르침의 책을 계속 낭송하도록 촉구하셨습니다. 역시 이 표현들은 역대하 7:11에 나오는 솔로몬에 대한 진술과도 비슷합니다. 이런 식으로 다시 한 번 이 표현들을 위대한 지도자와 왕들의 삶에서 잘 보여 주는 원리들이 보통 사람들에도 적용된다고 약속합니다.

우리 동창 목사님 한 분을 소개합니다. 나이는 나보다 열댓 살 위인데 성자라고 불러요. 참 성자요. 사모님이 정신 이상에 걸리셨어요. 정신 이상이 걸렸는데 정신 이상 치고도 참 거룩한 정신 이상이라 할까요? 아무나 붙잡고 안수 기도를 해요. 그런데 정신이 이상해서 회까닥 하는 것보다 그렇게 회까닥 하는 게 좀 낫잖아요. 새벽 기도 시간에 나가서 장로님들에게 안수를

다 해버리니 장로님들이 교회를 안 나와요. 사모님이 새벽마다 안수하니까 그걸 못 견디는 거예요. 그것만 하면 좋은데 목사님이 강단 위에 설교하러 올라가려고 하면 안수한대요. 그런데 우리끼리 앉아 가지고 "야, 너는 안수한다 하면, 안수 받고 올라갈래, 어쩔래?" 대부분 다 "설교 안 했으면 안 했지, 마누라한테 안수 안 받는다." 해요. 그 목사님에게 "형님은 왜 안수 받고 강단 위에 올라가요?" 그랬더니 대답이 "싸우고 올라가는 것보다 낫지 않냐?" 가슴이 찡했습니다. 안수 받느니 안 받느니 싸우고 올라가는 것보다 안수 받고 올라가는 게 낫답니다. 그때부터 내가 그를 '현대판 성자'라고 부릅니다. 현대판 성자가 저런 사람입니다. 그런데 우리 남편들이 성자가 돼야 되는데, 성자가 되기 전에 악인의 과정을 거쳐야 돼요. 못된 짓만 골라가며 하다가, 제가 여성 단체 강의를 하다 그렇게 말했어요. "남자들이 철들면 3일 만에 가는데, 철 든 남편하고 3일 살다가 혼자 살래, 철없는 남편하고 계속 살래?" 물으니, 대부분 철없어도 괜찮으니까 없는 것보다 낫대요. 별 도움이 안 되어도 없는 것보다 낫다고 해요. 그래서 한바탕 웃었습니다.

제가 왜 이런 웃기는 소리를 하는가 하면요. 여기 보면 '시냇가에 심은 나무'라고 했습니다. 심긴 나무는 옮겨 심은 나무입니다. 우리가 보면 배추도 모종 옮겨 심어야 되고, 고추도 모종 옮겨 심어야 되고, 사람도 옮겨 심어야 됩니다. 그러면 옆에 잡초가 자라요. 자고 나면 잡초가 더 잘 자라요. 시편 37편에 나옵니다. "푸른 채소같이 쇠잔할 것임이로다". 잡초처럼 잘 자라도 그것을 하나님이 뽑아버리신다 그 말입니다. 그래서 우리가 여기 보면 성경에 나옵니다(롬 11:16 이하). 우리가 돌감람나무였는데 우리들을 참감람나무에 접붙였다 그랬어요. 돌감람나무 된 우리인데 참감람나무 되신 예수 그리스도로 접붙여서 우리가 진짜가 되게 했다는 말입니다. 그래서 우리가 하나님을 믿고 우리가 이래 봐도 서로 보고 이름은 몰라도 서로 우리가 얼굴 쳐다보고 서로 주의 백성으로 나아가는 겁니다. 그래서 요한복음 5장 24절에 "사망에서 생명으로 옮겼느니라"고 했습니다.

1. 율법은 하나님 자신

시냇가의 심긴 나무입니다. 하나님의 율법을 말합니다. 그래서 이 율법을 우리들이 이 땅에서 살아갈 때 율법은 하나님 자신을 말합니다. 하나님 말씀이 율법입니다. 요한복음 1장 1절 "태초에 말씀이 계시니라"고 했습니다. 하나님 말씀이 태초에 있었습니다. 율법이라고 이상하고 배척하는 것으로 보지 마세요. 하나님, 하나님의 말씀, 이것이 나와 함께합니다.

2. 율법은 예수 그리스도

우리가 하나님의 사랑이 천천히 흘러가는 이 시냇가에 심은 나무처럼 이 수로, 관개수로, 하나님이 만든 수로로 1년 12달, 사시사철 물이 흘러가는데 거기에 심긴 나무가 있는 겁니다. 이것이 바로 율법입니다. 율법이 무엇입니까? 성자 예수 그리스도를 말합니다. 예수는 생명의 신비입니다. 요한복음 1장 1절에 "태초에 말씀이 계시니라. 이 말씀이 하나님과 함께 계셨으니 이 말씀은 곧 하나님이라"고 했습니다. 태초에 말씀이 계십니다. 그래서 저와 여러분이 이 말씀을 귀하게 여기는 요소가 되기를 바랍니다.

3. 율법은 하나님의 말씀

세 번째, 이 율법은 하나님의 말씀입니다. 신/구약은 생명의 운하입니다. 우리의 마음에 생명의 물을 공급합니다. 야고보서 1장 18절에 "진리의 말씀으로 우리를 낳으셨도다". 시편 19편 50절 "주의 말씀이 나를 실려 살리셨기 때문이니이다". 시편 19편 7절 "여호와의 율법은 완전하여 영혼을 소생시키며"라고 했습니다. 그래서 말씀이 우리를 깨끗하게 합니다. 우리가 거룩하면 얼마나 거룩할까요? 깨끗하면 얼마나 깨끗합니까? 남을 탓하자는 게 아닙니다. 나 자신이 우리 스스로 돌아볼 때, 늘 하나님 앞에 우리가 부족함을 느낍니다. 더 하나님 앞에 겸손하게 나아갑니다.

그런데 요새 젊은 친구들 보면, 하루는 우리 뒷집에 살던 젊은 친구들이 이사를 가는데 사용하든 그릇들을 다 몽땅 버리고 맨 가방만 들고 가더라고요. 여기서 가만히 보니 대형 거울이 있어요. 내가 그 청년 보고, "학생, 이거 내가 가져가도 되냐?" "선생님, 마음대로 하세요."라고 해서 주워 왔어요. 의자도 주워 오고, 거울도 주워 오고, 전등도 주워 오고. 누가 봤으면 빌딩 가진 사람은 주워 오고, 셋방 살던 사람은 버리고 가고라고 할 것입니다.

저는 자발적 가난을 주장합니다. 그 돈 가지고 뭐하느냐? 우리가 선교사들 20명에게 한 달에 얼마씩 계속 보내요. 재밌어요, 보내는데. 보내서 받으면 "아이고, 교수님 잘 받았습니다." 문자 정도는 와야 되잖아요. 안 와요. 근데 안 오니까 하나님 이름으로 보내지만은 약이 오르더라고요. 아니 진짜 몇 년을 보냈는데 이게 뭐하는 짓이지 싶어서 이제 집사람에게 "야야, 끊자. 거기만 꼭 보낼 이유가 없으니까 끊자." 그런데 묘하게 하나님께서 인도합니다. 베트남에 있는 선교사가 그때 이제 우리가 6월 달만 보내고 끊는다고 그 친구를 끊는 리스트에 넣어 놓았거든요. 그런데 선교사가 베트남에서 왔다고 전화가 왔어요. "찾아뵙겠습니다." 그래서 오라고 해서 왔는데 아이를 넷을 데리고 왔어요. 아이가 4명이라 모두 6명이 왔어요. "아이고야, 쟤는 못 끊겠다. 아이가 4명인데 저거 끊으면 저거 어쩌나 제들 뭐 먹고 살겠냐." 그래서 연장을 시켰어요. 하나님의 인도하시는 방법은 인간의 지혜를 초월합니다.

(1) 감사의 훈련

제가 그때 내가 느낀 것은 감사를 훈련시켜야 됩니다. 저는 좀 약간 감사에 민감한 사람이에요. 저는 잡지 하나 받으면 잡지 뜯어보면서 전화합니다. 사장이나 편집장한테 전화합니다. "한 달 동안 잡지 만든다고 수고했소." 그러면 뭐라는 줄 아세요? "감사합니다." 나중에 내가 물어봤습니다. "고맙다고 인사하는 사람 몇 명 있어요?" "한 사람도 없어요." 이렇게 저 하나 빼놓고 없대요. 감사 인사가 없대요. 내가 전주에 있는 교회에 집회를 갔어요. 한 600명 모이는 교회였어요. 아침밥은 강사 목사님은 호텔에서 혼자 드시래요. 밥을 호텔에서 먹을 필요가 있나요. 전주 콩나물 국밥이 유명하잖아요? 그것을 장로님들하고 안수 집사님들 모여서 새벽 기도 마치면 함께 국밥집에 가서 먹었습니다. 이런 집회 같은 거 해본 일이 없다는 거예요. 강사하고 새벽마다 서로 이야기했습니다. 그래서 토요일 날까지 집회할 땐데 끝나고 서울 집에 왔어요. 내가 그 교회 봉 목사인데 성이 봉 가요. "봉 목사 수고했다." 내 제자인데, "아이고, 교수님. 제가 뭘 했습니까?" "아니야. 강사는 말만 하고 가면 되지만 자네가 준비하고 교인들 돌본다고 수고했다. 장로님들에게도 고맙다고 수고하셨다고 인사해라." 그런데 그 다음 날, 주일날 점심 먹고 장로님들 모여 있는데 그 목사님이 그랬대요. "강사 목사님이 잘 도착했다고 수고하셨다고 장로님들 수고하셨다고 전화 왔습니다." 그랬더니 뭐라고 하는가 하면, 그 장로님들 중에 전북일보 사장하는 장로님이 있었어요. 그 장로님이 "목사님, 우리 교회 설립 15년 동안에 부흥회를 스무 번했는데 강사가 끝나고 가고 나서 인사하는 사람 처음 봤습니다. 빨리 전화해서 가을 집회 예약하세요." 하더랍니다. 주일 오후에 전화가 왔어요. 그 목사님에게 "왜 무슨 일 있냐?" "아니요." 교수님 전화 온 것 말했더니 "장로님들이 가을 집회도 예약하라 합니다." "야, 미리 말했으면 내가 말을 아껴가며 했지. 한 번뿐인 줄 알고 내가 다 해버렸는데." 그러니까 그 목사님 말은 "걱정하지 마세요. 우리는 머리가 둔해서 다 잊어버립니다." 그래서 그 해 가을에 또 갔어요. 그 말했던 신문사 사장 장로님의 부인 권사님이 김장해서 우리한테 택배로 보내와요. 감사하다 한 마디가, 감사하다고 전화 한

통이 이런 열매를 맺었습니다.

왜? 감사가 가장 보편적인데 이게 아니잖아요. 감사가 뭡니까? 영어의 탱크(Thank)죠? 이것은 팅크(Think) 생각한다. Think와 동근어입니다. 어근이 같아요. 생각이 나야 감사합니다. 생각 안 나면 못 하잖아요. 내 친구 장로님이 이런 이야기를 합니다. 대학교수 하다가 은퇴한 장로님인데 "야, 미칠 뻔했다." "왜 그래?" "어머니 생신인데 잊어버렸어." 엄마가 그날 아침에 가만히 보니까 미역국 끓이는 냄새도 안 나고, 며느리는 고등학교 미술 교사이고, 아들은 대학 교수인데, 이 어머니가 섭섭했던가 봐요. 그냥 식탁에 혼자 앉아 가지고 '지금까지 지내온 것 주의 크신 은혜라' 찬송을 불러요. 그 장로님이 보니 '아이고, 오늘 엄마 생일이다.' 며느리도 깜빡해 버리고 아들도 깜빡한 거예요. 그래서 그 장로님이 둘러댔대요. "엄마, 주중에 어떻게 생일잔치 해요? 주말로 호텔 예약했는데". 거짓말을 했어요. 기억도 못 했으면서. 호텔 주말에 예약했으니까 하면서 어머니를 토닥거렸어요. 그 옆방에 가서 성남에 사는 여동생한테 전화를 했어요. "아무개야, 오늘 무슨 날인 줄 아냐?" "오빠, 오늘 화요일 아니야?" 하더래요. "야 이 자식아, 오늘 엄마 생신이다." 하니까 여동생이 "맞다. 맞다. 오늘 엄마 생신이다. 오빠. 나도 잊어버렸다." "야, 큰일 났다. 엄마, 지금까지 지내온 것 주의 크신 은혜라…" 찬송

부른다. 혼자서 애 키운다고, 아버지 없이 혼자서 키웠는데 이것들이 내 생일도 몰라주네 했을 겁니다. 그때 따라 무슨 결혼식 시즌이었는지 호텔에 방이 없어요. 오만 데 수배를 해서 겨우 하나 찾아서 토요일 날, 이제 엄마 모시고 생일잔치를 해줬대요. 그래 놓고 주일 지나 나한테 와서 "자식 새끼 생일에는 고깔 모자 쓰고 애비 애미가 재롱을 떨면서 부모 생일은 잊어버리고 노인네가 '지금까지 지내온 것 주의 크신 은혜라' 찬송 부르게 했다. 그게 자식들이다." 그래서 내가 "그래도 장로 네가 회개하니 다행이다. 앞으로 잊어버리지 말고 내가 방법 가르쳐줄까? 1년 초에 달력에 표시해라. 달력에 빨간 볼펜으로 엄마 생신, 여동생 생일, 그러면 달력 보면 알 거 아니냐? 안 잊어버리게."

이게 띵크(think) 즉 감사의 훈련이 필요합니다. 생각이 나야 땡크(thank) 감사를 합니다. 하나님의 은혜가 띵크(think)해야 하나님 앞에 땡큐(thank you) 합니다. 오늘 무슨 화요일 아니야? 이렇게 말하면 곤란합니다. 오늘 화요일 맞지요. 화요일 날. 그 여동생 말처럼. 그러나 오늘이 엄마 생일이라는 걸 잊어버린 것은 생각이 없기 때문입니다. 하나님 은혜, 이웃 사람의 은혜, 가족의 은혜를 생각합시다. 그렇게 우리가 매일 생각하는 게 안 되니까 달력에 표시하세요. 주부들이 바쁘잖아요. 시댁 촌수 따지면 복잡해요. 그래서 시금치도 안 먹는다고 그러잖아요, 며느리들이 시자 붙은 거 싫어서라고 합니다. 그러니까 메모 안 해 놓으면 실수합니다. 왜 100번 잘하다가 한 번 잘못하면 앞에 잘한 거 다 소용없어요. 10번 잘하다가 한 번 잘못해 걸리면 소용없으니까. 그러니까 하나님 은혜도 받은 바 은혜를 수첩에 그날그날 기록합시다. 하나님 감사합니다. 그래도 오늘 내가 하루 종일 잘 지내고 감사합니다. 장마 시작할 때 우리 교회 사경회 할 수 있도록 하셔서 감사합니다. 지금까지 사경회라 하면 부흥성회나 전도 세미나라고 했지. 말씀 사경회란 생소합니다. 말씀 공부하는 이런 모임은 우리들이 처음 하게 해줬으니 감사합니다. 감사의 조건은 계속 있죠. 감사의 눈으로 보면 모든 것이 다 감사합니다. 이것도 감사합니다. 그래서 감사 조건을 쓰세요. 메모하세요. 그리고 핸드폰 같은 데도 다들 메모하잖아요. 그 핸드폰에 달력 있잖아요. 나는 핸드폰을 안 쓰니까 모르는데 보면 핸드폰에 몇 월 며칠 적어 놓으면 되잖아요.

요새는 문자 오는 거 보면 얄미운 사람이 있어요. "교수님 더우신데 시원한 수박 잡수세요." "아이스크림 잡수세요."(이모티콘인 듯) '이 놈이 놀리나, 수박을 사보내면 되지', 그런 게 옵니다. 나는 안 쓰니까 집사람 핸드폰에 그런 게 와요. '잡수세요'라고 합니다. 그러니까 가만히 있으면 본전이라도 되지, 이것들이 잡수라고 해요. 그래도 한편 달리 생각하면 그거라도 기억해 주는 거 감사합니다. 그런데 요새는 생일 되면 저절로 핸드폰의 카톡에 뜬다면서요? 기억 안 해도 기계가 기억하게 합니다. 오늘 누구 생일이라고, 나는 그런 거 안 하니까 아무 것도 모르는데 우리가 보면 감사를 훈련합시다. 우리 감사의 조건을 붙여서 교회 감사 헌금도 무슨 하늘에서 돈 덩어리가 떨어져서 감사하는 것이 아닙니다.

(2) 감사의 표현

가난한 가운데 오늘 하루도 살았습니다. 하나님 은혜로 한 주간도 살았습니다. 이 한 달도 살았습니다. 6월 6일 설립 예배에서 이제 한 달이 지나갑니다. 내일 30일 되면 한 달 넘어가죠? 7월에는 조금 더 올라가고 8월에는 더 올라가고 하나님이 그런 은혜를 주시기를 원합니다. 사람은 구름 떼같이 몰려오게 하시라고 하는 이들이 있습니다. 그런 기도하면 나는 질색을 합니다. 구름 떼에 몰려오면 소나기 밖에 안 내립니다. 성경에 보면 야베스의 기도가 있습니다. '복에 복을 더하사', 그렇죠. 복에 복을 더하사, 해석이 뭔 줄 알죠? 나는 그걸 '시루떡 축복'이라고 해석합니다. 시루떡 만들 때 한 장 깔고 고물 깔고, 또 그 위에 한 장 깔고 고물 깔고 이렇게 시루떡을 만듭니다. 복에 복을 더하다가 그 뜻입니다. 구름 떼같이 몰려오면 여기가 무너져서 안 돼요. 세

사는데 무너져서 이거 고쳐주는 돈 물어내려고 하면 안 되니까.

(3) 감사의 실천

'날마다 더하게 하옵소서'. 이게 우리의 기도가 되어야 합니다. 그래서 '복에 복을 더하사', 야베스의 기도를 사람들이 그 구절을 따가지고 활용을 하는데, 그 말은 시루떡 축복이요. 떡 가운데 시루떡 축복입니다. 우리 하나님이 저와 여러분에게 시루떡 축복을 주시기 원합니다. 그럼 속으로 '목사님, 뭐 시루떡 시시하게 그런 거 줍니까? 주실 거면 맛있는 케이크 복이나 주시지 할지 몰라요.' 케이크보다 시루떡이, 성경에 그 원리를 가장 쉽게 해석하는 그런 원리 가운데 하나입니다.

그래서 우리에게 여기에서 나아갈 때 말씀이 우리를 깨끗하게 해줍니다. 요한복음 15장 3절에 "너희는 내가 일러준 말로 이미 깨끗하여졌으니". 요한복음 17장 17절에 "그들을 진리로 거룩하게 하옵소서 아버지의 말씀은 진리니이다". 에베소서 5장 26절 "곧 물로 씻어 말씀으로 깨끗하게 하사 거룩하게 하시고"라고 했습니다. 물로 씻듯이 주의 말씀으로 우리를 깨끗하게 하옵소서. 이것이 말씀입니다. 그래서 시편 23편에 있는 말씀대로 푸른 풀밭, 쉴만한 물가로 우리를 인도하신 하나님이 주시는 형통의 삶을 삽니다.

II. 결실의 삶

두 번째 결실의 삶을 삽니다. 시절을 쫓아 과실을 뭐 합니까? 맺는 겁니다. 여기에 보면 시절을 쫓아 과실을 맺는다는 이 말씀을 해석 잘해야 합니다. 시절이 기준이 아니고 그 나무의 때가 표준입니다. 봄에는 봄 과실을 맺고 가을에는 가을 과실을 맺고 있습니다. 그런데 요새는? 겨울에도 딸기 나요. 겨울에도 수박 납니다. 옛날에는 사과가 대구쯤 났는데 요새는 사과가 강원도에서까지 나지않아요. 이건 시절이 중요한 게 아니고 열매 맺는 때가 중요합니다.

1. 생명 작용

오늘 여기 본문에 해석이 무엇인가 하면, 시냇가 항상 흘러가는 물가에서 뭐가 있습니까? 심긴 나무가 열매를 맺는 생명 작용을 하게 됩니다. 생명 작용입니다. "그는 물가에 심긴(심어진) 나무가 그 뿌리를 강변에 뻗치고 더위가 올지라도 두려워하지 아니하며 그 잎이 청청하며 가무는 해에도 걱정이 없고 결실이 그치지 아니함 같으니라"(렘 17:8)입니다. "물가의 심긴 나무"는 시편 1편하고 연결해서 해석하면 됩니다. 더위가 올지라도 말라

비틀어지지 아니하고 잎이 청청하고 가무는 해에도 걱정이 없습니다. 왜? 물가에 심기었기 때문입니다. 물이 공급되고 항상 열매를 맺습니다. 그러므로 우리에게 중요한 것이 열매를 맺는 그때가 중요합니다. 그래서 지금 늦었다가 아니에요. 믿음의 생활이란 지금 늦은 게 아닙니다. 주께서 부르시는 그날이 최고의 날입니다. 그래서 우리들이 이 땅에 살아갈 때 저와 여러분에게 중요한 것이 이런 결실의 삶, 형통의 삶. 우리 예수 믿는 사람 잘 됐으면 좋겠어요. 좀 도와주고 싶은 사람 많은데 너무 어려워서 못 도와주는 경우가 있어요. 그러나 우리가 보면 주님이 우리에게 주신 재능 이것이 필요합니다.

성경은 이렇게 교훈하고 있습니다.

렘 17:8 "그는 물가에 심어진 나무가 그 뿌리를 강변에 뻗치고, 더위가 올지라도 두려워하지 아니하며 그 잎이 청청하며 가무는 해에도 걱정이 없고 결실이 그치지 아니함 같으니라".

시 92:12-15 "의인은 종려나무 같이 번성하며 레바논의 백향목 같이 성장하리로다 이는 여호와의 집에 심겼음이여 우리 하나님의 뜰 안에서 번성하리로다. 그는 늙어도 여전히 결실하며 진액이 풍족하고 빛이 청청하니 여호와의 정직하심과 나의 바위 되심과 그에게는 불의가 없음이 선포되리로다".

2. 믿음의 열매들

그러면 시절을 좇아 맺는 열매는 어떤 것입니까? 다음 구절을 살펴봅시다.

(1) 회개에 합당한 열매(마 3:8, 10)

(2) 믿음의 열매(벧전 1:9)

(3) 성령의 열매(갈 5:22-23)

(4) 빛의 열매(엡 5:9)

(5) 칭의 열매(마 7:16-20)

(6) 찬송의 열매(히 13:15)

(7) 물질의 열매(빌 4:17-18)

(8) 부활의 열매(고전 15:22, 욥 5:26)

(9) 영생의 열매(요 4:36)

(10) 상속의 열매(마 25:24, 벧전 1:4)

그래서 우리에게 중요한 것이 형통한 열매를 맺습니다. 시절을 쫓아 과실을 맺습니다. 봄에는 봄의 과실을 맺습니다. 요새는 비닐하우스가 있어서 계절 없이 과실을 맺어요. 그렇습니다. 집사람이 한참 그런 이야기 한 번씩 이따금 해요. 입덧할 때 겨울인데 수박 먹고 싶은데 안 사주더래요. 그때 겨울에 수박이 어디 있어요? 요새야 겨울에도 수박 있지만 옛날에 수박이 어디 있어요? 그런데 여자들 한 번 그래 놓으면 평생 우려먹어요. 평생 우려먹는데 말은 맞는데 그 당시에는 그런 게 없잖아요. 오늘 여기 본문의 시절이 어떤 시절입니까? 이 요새 말로 하면 비닐하우스가 되어서 철철이 과실을 맺어요. 그래서 기준이 계절이 아니고 기준이 그 열매 맺는 때라는 말입니다. 나무가 기준이 됩니다. 그래서 우리가 시절을 따라 열매를 맺습니다.

III. 아름다운 삶

그 다음 마지막 세 번째는 아름다운 삶을 삽니다. "그 잎사귀가 마르지 아니한 것 같으니"라고 했습니다. 3절에 뭐라 그랬습니까? "그가 하는 모든 일이 형통하리로다". 아름다운 삶입니다. 모든 것이 형통합니다. 얼마나 감사합니까? 우리가 하는 모든 것. 청청한 잎사귀가 있고 철을 따라 열매를 맺고 하나님이 모든 것을 형통하게 하여 우리에게 주십니다. 이제 결론을 내립니다. 무릇 그 행태가 다 형통하리로다. 형통합니다.

1. 형통의 삶

하나님이 형통케 합니다. 하나님이 주격입니다. 우리는 목적격입니다. 내 노력으로 형통하게 되는 것이 아니고, 하나님이 우리를 형통하게 합니다. 우리 교회에 나오는 성도 여러분, 하나님이 여러분을 형통케 해 주시기를 원합니다. 뭐가 형통합니까? 오늘 본문에 보면 그가 하는 모든 일, 어떤 건 형통하고 어떤 것은 망하는 일이 아니고 에브리띵(Everything)입니다. 영어 에브리띵 즉 모든 일입니다. 여러분의 에브리띵을 하나님이 형통하게 합니다. 이게 복된 사람 아니에요? 그래서 교회 나가는 사람, 복 받은 백성입니다. 제일 첫 번째 복이 뭡니까? 영적 구원의 복을 받았습니다. 그 다음 건강의 복도 받고 물질의 복도 받고, 친교의 복도 받고, 나중에 섬김의 복도 우리가 받습니다.

우리 어차피 사는 인생 복되게 삽시다. 형통하게 한 번 살아 봅시다. 우리가 살아갈 때 사람들이 물질 많은 것만 형통이라고 하는데 그게 아니에요. 주님과 아침마다 교제할 수 있는 것, 하나님을 아버지라 부를 수 있는 것, 성도를 형제자매라 부를 수 있는 것, 이것이 우리가 받은 복입니다. 왜 하나님의 형상으로 지음 받은 귀한 존재이기 때문에 내가 소중합니다. 내가 잘나서 소중한 게 아니에요. 하나님의 형상이기에 소중합니다. 형제자매가 소중합니다. 왜? 하나님의 형상, 하나님이 사랑하는 백성인 고로 소중합니다. 이것을 저와 여러분이 지켜 나가기를 바랍니다.

2. 열매맺는 삶

그리스도인이 시절을 좇아 열매를 맺기만 하는 것은 아닙니다. 참으로 감사하게도 그 다음의 사실이 또 있습니다. 곧 "그 잎사귀가 마르지 아니 한다"는 것입니다. 제가 이미 말씀 드렸습니다만 여러분의 행복이 상황이나 벌어지는 사건에 좌우되는 것처럼 생각해서는 안 됩니다. 그렇게 생각하면 곧 바로 행복을 놓쳐 버리고 말기 때문입니다.

미래에 과연 무슨 일이 일어날지 누가 알겠습니까? 미래가 두렵습니까? 나쁜 소식이 올까 두렵습니까? 듣기가 두려워서 '내게 말하지마!'라고 이야기하십니까? 그러시다면 여러분이 과연 경건한 사람인지 심히 의심스럽습니다. 사실 여러분은 경건한 사람이 아닙니다.

왜냐하면 경건한 사람에 대해서 다른 시편에 이렇게 말씀하기 때문입니다. "그는 영원히 흔들리지 아니함이여 의인은 영원히 기억되리로다 그는 흉한 소문을 두려워하지 아니함이여 여호와를 의뢰하고 그의 마음을 굳게 정하였도다 그의 마음이 견고하여 두려워하지 아니할 것이라 그의 대적들이 받는 보응을 마침내 보리로다"(시 112:6-8). 자, 이 말씀을 달리 표현하면, "그 잎사귀가 마르지 아니한다."는 것입니다. 끔찍한 기근이 온다 할지라도, 이 나무의 잎사귀는 마르지 않습니다.

왜 그럴까요? 그 나무가 시냇가에 심겨져 있기 때문입니다. 시내는 절대로 마르지 않습니다. 그러므로 시내의 밑바닥에 뿌리를 내리고 수분을 흡수하는 나무는 절대로 수분이 부족해 마르지를 않는 것입니다. 끔찍한 기근과 가뭄이여 올테면 오라! 수분이 눈에 보이지 않게 속에서 올라오고 그 잎사귀는 절대로 마르지 않는 것입니다.

이것이야말로 그리스도인의 삶에서 나타나는 가장 영광된 모습 가운데 하나입니다. 우리에게 어떠한 일이 벌어지든 그 모든 것을 대처하게 해 줍니다. 중년의 삶을 대처하게 해 주며, 노년의 삶도 대비시켜 줍니다. 나중에 노쇠하여 거의 움직이지도 못하고 생각도 하지 못하는 그런 시절의 삶도 잘 대비하게 해 줍니다. 질병에도 끄떡없습니다. 불행과 손해를 당해도 염려 없도록 만들어 줍니다. 다른 사람들이 당하는 어려운 일에도 대처하게 해 줍니다. 우리 자신의 죽음도 대비하게 해 줍니다. 우리에게 무슨 일이 일어나든 대비하지 못할 것이 아무 것도 없습니다.

절대로 갈하지 않는 시냇가에 내가 심겨져 있습니다. 나의 삶이 그리스도 안에 있는 것입니다.

시편 92편은 말씀하기를 "늙어도 여전히 결실하며 진액이 풍족하고 빛이 청청하니 여호와의 정직하심과 나의 바위 되심과 그에게는 불의가 없음이 선포되리로다"(시 92:14-15)라고 합니다. 늙어도 결실한다는 말씀입니다! 하나님은 "내가 결코 너희를 버리지 아니하고 너희를 떠나지 아니하리라"고 약속하셨습니다. 그렇기 때문에 그리스도인은 "주는 나를 돕는 이시니 내가 무서워하지 아니하겠노라 사람이 내게 어찌하리요"(히 13:5, 6).라고 담대히 말할 수 있는 것입니다.

시편 37편에서 다윗은 이렇게 말씀합니다. "내가 어려서부터 늙기까지 의인이 버림을 당하거나 그의 자손이 걸식함을 보지 못 하였도다"(시 37:25). 사도 바울은 말씀합니다. "어떠한 형편에든지 나는 자족하기를 배웠노니 나는 비천에 처할 줄도 알고 풍부에 처할 줄도 알아 모든 일 곧 배부름과 배고픔과 풍부와 궁핍에도 처할 줄 아는 일체의 비결을 배웠노라 내게 능력 주시는 자 안에서 내가 모든 것을 할 수 있느니라"(빌 4:11-13).

결론

복 있는 사람입니다. 복습합시다. 첫 번째 1절이 무엇입니까? '아니하고, 아니하고, 아니하며' 부정의 삶입니다. 2절은 여호와의 율법을 즐거워하여 주야로 묵상합니다, 긍정의 삶입니다. 3절은 모든 일이 형통합니다, 형통의 삶은 세 가지입니다. 옛날에 계룡산 밑에 한 교회가 있었습니다. 제가 집회를 갔어요. 우리 신학생 전도사님이 저에게 수업을 마치고 와서 그래요. "교수님 부탁이 있습니다. 우리 교회 설립하고 집회를 한 번도 못 했는데 와서 집회를 해줄 수 있으십니까?" "필요하면 하지" 지금도 안 잊어버립니다. 요새는 계룡산에 국방부가 들어가서 계룡시가 되어 했지만, 그때는 이상한 이단 종파들 모여 있을 때고 계룡산 도사들 모여 있는 동네였어요. 집회를 갔더니 지금 전도사 내외와 강사인 나 포함해서 참석자가 6명이에요. 그러니까 교인이 3명이지요. 이들 앞에서 한 주간 집회를 했어요. 그런데 마지막 날 시간에 동네 청년들이 문 밖에 앉아서 들어요. 안에 들어오지는 못하고 예배당도 다 찌그러져 가는 예배당입니다. 지금도 안 잊어버려요. 집회 마치고 강사 사례가 무엇인 줄 아세요? 산나물입니다. 계룡산에서 난 각종 산나물 한 박스를 가지고, 그때는 KTX 있을 때가 아니니까 고속버스에 실어주더라고요. 내가 집에 메고 왔지요. "이번에 나 사례 많이 받아왔다." 집사람이 보더니 "이거 부자교회 몇 천만 원 받아오는 것보다 더 귀하네요." 그런 교회도 있습니다. 우리 목표는 하나님을 푯대로 삼읍시다. 그래서 저와 여러분 형통의 삶, 누가 볼 때 "복 받았다, 저 사람 복 받았다." 죽고 나면 "아이고, 복되게 죽었다." 소리 들어야지 "아이고, 잘 뒈졌다." 그러면 곤란하잖아요. "참 복되게 죽었다. 복되게 살더니 복되게 가셨구나." 그런 우리 삶을 평가를 받는 저와 여러분 되기를 주님의 이름으로 축원합니다.

기도드립니다. 하나님 아버지 감사합니다. 복 있는 사람이 되는 부정의 삶, 긍정의 삶, 형통의 삶을 생각합니다. 하나님의 율법을 주야로 묵상하며 이 율법 가슴에 새겨 이 말씀을 우리의 나침반으로 삼고 율법을 즐거워하며 하루하루 살아가게 하옵소서. 우리 믿음의 백성들에게 하늘 복으로 넘치게 하시고 감사함을 충만케 하옵소서. 예수님 거룩하신 이름으로 기도하옵나이다. 아멘.

제4강

악인의 삶

제4강
악인의 삶

시편 1편 4절
악인들은 그렇지 아니함이여 오직 바람에 나는 겨와 같도다

　시편은 우리의 기도이고, 우리의 탄원이며 우리의 감격이고, 감사의 찬양이 바로 시편입니다. 다르게 표현하면 '땅에서 부르는 하늘의 노래'입니다. 그래서 시편의 생명은 하나님께 뿌리박고 우리 인간들의 마음 속에 위대한 하늘 세계를 사모하도록 하는 것입니다. 아무리 이미자나 조용필의 노래가 좋아도 하나님의 노래가 아니기 때문에 그런 것들을 뭐라고 합니까? 유행가라 합니다. 유행가는 한 번 흘러가버립니다. 시편은 어제나 오늘이나 영원토록 하나님을 향한 우리들의 노래입니다. 이 시편의 특징이 우리에게 이와 같이 교훈됩니다. 1절은 부정의 삶, 2절은 긍정의 삶, 3절은 형통의 삶으로 이것이 우리의 삶입니다. 부정

하고, 긍정하고, 형통해집니다.

첫째 부분은 짧고 예리합니다. 70인역은 콜론 끝에 "그렇지 않다"를 반복함으로써 수사적 효과를 얻으며, 또한 "땅 표면에서"를 추가하여 4b절을 발전시킵니다. 그렇다면 4b절은 전체 3절과 3a-d절 내에서처럼 4a절을 설명한다.

어떻게 악인은 의인과 같지 않습니까?

상황이 그들을 위해 작용하는 방식에서입니다. 하지만 그들의 운명에서의 차이점은 그들의 운명을 묘사하는데 사용된 이미지의 변경과 일치합니다. 예레미야서와 에스겔서는 나무가 물가에 심기었는지 광야에 심기었는지에 따라 두 방향으로 나무 이미지의 함의를 진행해 갑니다. 따라서 우리는 이 시편이 다음과 같은 것을 말할 것을 기대할 수도 있습니다.

"오히려 그들은 뜨거운 사막 바람에 시든 사막의 관목 나무와 같다".

이런 다른 가능성이 어떻게 될지 모르지만, 시편은 나무 이미지를 포기하고 다른 이미지로 이어갑니다. 이미지는 이 시편이 지적하고자 하는 요점에는 부차적이며, 변경이 요점을 더 강화합니다.

새로운 이미지는 여름을 반영하는 또 다른 이미지입니다. 곡식을 추수하고 타작할 때, 농부는 바람이 부는 곳에 곡식더미를

쌓고서 쇠스랑으로 곡식을 공중에 던집니다. 곡식들은 땅으로 다시 떨어지지만, 더 가벼운 껍데기는 바람에 날려 갑니다. 쭉정이는 이런 식으로 쓸모없으며, 약한 것을 가리키는 대표적인 이미지이며, 이는 악인의 운명을 가리키는 이미지가 됩니다(참조 시 35:5). 이것은 징벌을 가리키는 이미지일 수 있지만(예를 들어, 욥 21:18; 사 17:13; 29:5; 습 2:2), 단순히 재앙을 시사할 수도 있습니다(참조 사 41:2).

I. 쫓기는 삶

4절은 악인의 삶입니다. 악인의 삶을 우리가 다뤄보는데, 1절과 4절이 시편의 흐름의 패턴이 완전 바뀌어요. 1, 2, 3절은 복 있는 사람에 대한 믿음과 복에 대한 이야기고, 4절부터는 이야기의 흐름이 완전히 바뀌어서 하나님의 징계, 하나님의 역사가 나타납니다. 그런데 이 말씀을 보면 특징이 하나 있어요. 1절은 복 있는 사람의 찬탄, 감격. 이런 감격으로 시작됩니다. 제가 시편 1절을 시로 쓴 부분에 보면, 참 하나님에 대해서 감격의 찬탄이 나오는데, 4절은 선언이에요. 감격의 찬탄이 아니고 선언합니다. 악인은 '그렇지 않으며, 이렇게, 이렇게 한다'고 하나님이 선언합니다. 이 차이가 무엇입니까? 1절은 하나님의 은혜가 감격해서 거기에 놀라서, 놀라운 그 은혜를 감격하는 그런 탄성이고, 4절은 반대로 악인은 그렇지 않다. 내용이 달라지는 그와 같은 것이 여기 있습니다. 그래서 우리가 보면 복 있는 사람이라고 주제가 정해졌는데 악인의 삶, 왜 악인에 대해서 다루는 것일까요?

1. 결과론으로서의 복

신명기 28장을 보면 1절부터 14절은 '들어가도 복을 받고, 나가도 복을 받고'라고 했습니다. 심방 가서 그 성경 읽으면 그렇게 좋아합니다. 그런데 그런 일은 없겠지만 목사님이 잠깐 딴 생각하다가 15절을 읽으면 야단나요. '들어가도 저주받고, 나와도 저주받고'라고 했기 때문입니다. "목사님, 우리 집하고 무슨 원수진 일이 있나요? 복을 빌어주셔야죠." 하고 항의할 것입니다. 하나님이 주신 복은 빈다고 되는 게 아니고 결과론이에요. 말씀을 지켜 행하면 복이 오고, 말씀을 지켜 행치 아니하면 이러이러한 저주가 온다고 해서 이것을 결과론이라고 합니다. 많은 사람들이 목사님의 기도를, '복 빌어주는 기도'라고 하는데 복 빌어주는 기도가 아니에요. '복 받는 길을 가르쳐주는 기도'입니다. 복은 누가 줍니까? 하나님이 줍니다. 하나님이 복 주십니까 아니면 축복하십니까? 축복? 틀렸어요. 그건 우리 한국교회가 사용하는 문법이 틀린 겁니다. 하나님은 우리에게 복을 주시고, 축복은 나와 성도 사이에 서로 복을 비는 것입니다. 축복이 뭡니까? 복을 빈다는 말 아닙니까? 하나님이 우리에게 복을 빌어주나요 내려주나요? 내려주죠. 내가 저 성도에게 복을 빌어주죠? 성도 사이에는 축복이고, 하나님과 우리 사이에는 그냥 복입니다. 그래서 많은 목사님들이 이걸 모르고, '하나님의 축복이 우리에게…'라고 합니다. 아닙니다. 하나님이 우리에게 복 주시고, 우리 성도 사이에는 축복하시기를 바랍니다.

2. 하나님이 가르치는 원리

복은 하나님이 가르치는 원리입니다. 이 시편이 우리에게 강조하는 것이 뭔가 하면, 4절에서 '악인은 그렇지 않으며'라고 했습니다. 이것을 히브리어 문법의 이중부정법이라 그럽니다. 악인에 대해서 이야기를 하는 것은 그게 목적입니까? 그게 아니고 복 있는 자를 설명하기 위하여 비교법으로 '악인은 그렇지 않다. 악한 놈은 그렇지 않다.'는 것을 알려주시기 위함입니다. 제가 김일성 이야기했죠. 하나님이 왜 김일성을 우리한테 보여줬

나요? 내가 즉흥적으로 해석했지만 명쾌하지요? 김일성이 회개하기를 기다리고, 우리에게는 이런 김일성처럼 되지 말라고 모델로 보여줬다고 했습니다. 이제 우리가 이런 각도에서 이 말씀을 찾아볼 때 악인이 누굴까요? 무슨 범죄 전과 몇 범, 그게 악인이 아니에요. 여기에 악인은 의인과 반대되는 사람. 바꿔 말하면 하나님이 없다고 하는 자들이 악인입니다. 악한 행동을 하는 것, 그건 나중 일이에요. 뭐 어떤 사람은 전과 몇 범 그럽니다만, 저는 그래요. 전과 몇 범 되는 사람, 전과 12범 되는 사람이 회개하고 목사 된 사람이 있어요. 또 사람들은 그 사람을 내세우고 하는데 나는 약간 겁이 나요. 은혜가 있을 때는 괜찮은데, 은혜 없으면 본성 나와요.

우리 연구실 문 앞에 노숙자 한 사람이 매일 자요. 동네 사람들은 날 보고 "아유 선생님, 저 사람 쫓아내야지 왜 가만 놔두세요." "저 사람 잘 데 없어 오는데 그걸 어떻게 쫓아내냐?" 그래서 나는 거꾸로 커피 한 잔 타 가서 커피나 잡숫고 있으라고 했어요. 그렇게 매일 자던 사람이 갑자기 안 보여요. 안 보이니까 걱정이 돼요. 저 양반 죽었나, 어디 가버렸냐 하고 있는데 봄이 되니까 나타났어요. "아니, 어디 갔다 지금 왔어요?" 내가 또 무슨 반가운 집안 사람 만나는 것처럼 했어요. 어디 갔다 지금 왔냐 했더니 추워 가지고 피한(避寒) 갔다 왔대요. 그게 무슨 말인지 가만 생각해보니까 국립호텔에 갔다 왔대요. 국립호텔에 가서 겨울 지나고 봄 되니까 나온 거요. 사는 것도 가지가지입니다. 인간 형형색색 있듯이 사는 방법도 가지가지구나라고 생각했습니다.

3. 악인의 삶

우리가 이 땅에 살아갈 때 저와 여러분이 부족하고 아무 것도 자랑할 것 없어도 하나님을 바라보고 하나님의 영광을 나타내는 것이 얼마나 감사한지 모릅니다. 그래서 4절의 시작이 뭡니까? 악인은 '그렇지 않으며' 입니다. 그렇다가 뭡니까? 1, 2, 3절에 나오는 복있는 사람과 같지 않다 그 말입니다. 사람이 바뀌기가 어려워요, 한 번 들어 박혀 놓으면 변하기 어려워요. 그래서 우리가 어릴 때부터 자녀들을 말씀으로 가르치고 기도하고 양육을 해야 됩니다. 이런 요소 가운데서 이 중 악인은 그렇지 않으며, 하나님이 없다고 하는 자, 불신자들을 통칭해서 악인이라고 부릅니다.

그러면 이 악인은 어떻게 살아갑니까? 여기 보면 악인은 그렇지 않으며, 4절에 뭡니까? '오직 바람에 나는 겨와 같도다'고 했습니다. 악인들을 바람에 나는, 바람에 날아가는 겨입니다. 이게 뭡니까? 쫓기는 삶이라는 말입니다. 바람에 나는 겨라는 게 무슨 말인가 하면, 이스라엘 근동 지방에서 한국도 그와 같습니다만, 농사를 지어서 추수를 해서 농부가 쇠스랑을 가지고 바람 부는 쪽으로 찍어서 올린대요. 올리면 바람에 쭉정이는 다 날아가고 알곡은 떨어집니다. 옛날에 우리나라에도 이제 이런 식으로 하는 것처럼 그 농사법을 말해서 겨라는 말을 씁니다. 겨가 뭡니까? 겨는 쫓깁니다. 바람에 쫓겨나요. 바람이 불면 날아갑니다. 왜 겨가 쫓깁니까? 우리가 여기에서 보면 악인을 겨에 비유합니다. 겨가 왜 날아갑니까? 생명이 없기 때문입니다. 쭉정이기 때문에 생명이 없어요. 쭉정이입니다. 그리고 열매가 없습니다. 그러니까 바람에 날려가고, 쫓겨가고, 도망가는 그와 같은 것이 겨의 삶입니다. 안정된 삶을 못 삽니다.

우리가 보면 어때요? 저녁에 집에 갈 때 직장 갔다 와서 집에 아무도 없으면 어떻게 해요? 들어가기 싫죠. 들어가기 싫어요. 달달 볶여도 가족이 있는 게 좋아요.

이게 가정입니다. 우리 아이들에게 성경을 가르치고 기도하고 반복을 하며 가르쳐야 합니다. 일부러 배가 고파도 숟가락을 입에 넣으면서 '아멘'하고 먹습니다. '아멘'하고 자기가 먹고 싶어서도 엄마 보고 빨리 아멘 하라 합니다. 긴 기도는 못해도 이게 교육입니다. 교육의 가운데 가장 중요한 게 뭘까? 반복 교육입니다. 또 하고 또 하고 중복해서 반복하면 이것이 내 믿음의 틀이 됩니다. 이 반복은 뭡니까? 안정이 돼야 반복을 하잖아요. 겨는 바람에 날아갑니다. 아무것도 없어요.

그래서 성경에 보면 겨를 악인에 비유합니다. 시편 35편 5절에 "그들은 바람 앞에 겨와 같게 하시고, 여호와의 천사가 그들을 몰아내게 하소서", 호세아 13장 3절에 "광풍에 날리는 쭉정이와 같으며"라고 했습니다.

범죄한 이스라엘 백성은 광풍에 날아가는 쭉정이와 같습니다. 욥기 21장 18절에 '바람 앞에 검불 같이, 폭풍에 날려가는 겨 같이'라고 했습니다. 악인의 모습입니다. 바람에 날려갑니다. 왜? 알맹이가 없으니까. 뿌리가 없으니까. 근거가 없으니까. 그 바람에 정착하지 못하고 날아갑니다. 악한 자들이 이 땅에서 아무리 잘 살아도 이와 같은 삶입니다. 우리는 비록 경제적으로 어렵고 여러 가지 여건이 풍족하지 못해도 주님을 의지하고 살아가니 이것이 우리가 받은 복입니다. 내가 하나님을 아버지라 부를 수 있는 게 얼마나 큰 복입니까? 그래도 가족이 함께 살고 가족이 함께 지내는 것입니다. 그래서 우리 하나님을 먼저 생각하고 그 다음 가족 생각하세요. 어떤 분들은 하나님 생각하고 교회 생각하고 가족 순서로 말합니다. 아니요. 하나님, 가족, 교회. 이렇게 흐름이 배열 돼야 됩니다. 우리 가족이 뭡니까? 다 거룩한 게 아니에요.

이게 우리가 보면 문제의 해결은 사물을 바꾸는 게 아니라 하나님이 우리의 관점을 바꿔주실 때가 있습니다. 오래 전 제가 중학교 다닐 때 부흥회 참석을 했어요. 뭘 알고 참석하진 않았지만 그때 부흥회 강사님이 방부신 목사님인데 설교는 기억 안 나는데 예화는 지금도 기억나요. 목사님의 간증이 뭐라고 하시는 줄 알아요? 이북에서 평양신학교를 다니고 있을 때 부모들이 결혼하라 해서 신부를 보지도 않고 결혼했대요. 옛날 우리 어른들은 안 보고도 잘 살았어요. 요새는 살다 보면 안 산다고 난리 치는데 옛날에는 그렇게 살았어요. 방 목사님 말씀이 첫날 저녁 지나고 신부를 보니 얼굴이 자유주의자더래요. 이게 눈코가 있긴 있는데 위치가 자유스럽게 붙었더래요. 그걸 목사님이 '자유주의다'라고 평을 했는데 도저히 못 살겠더래요. 그래도 사모가 되면 미인은 못 돼도 기본은 돼야 되는데 이 기본이 안 되니까 말입니다. 그래서 신학교 공부한다 하고 기숙사로 올라가 버렸대요. 평양으로 가서 또 방학 때 내려오고 그렇게 내려왔다가 또 며칠 있다가 가고. 그런데 애는 생기더래요. 근데 이제 신학교 졸업하고 목사 안수를 받게 되는데 마음에 '마누라 못 났다고, 사모 못 났다고 구박하는 내가 어떻게 목사가 될까?' 하나님 앞에 요새 말로 성형 수술, 하나님의 성형 수술을 해달라고 한 주를 작정하고 산에 올라가서 금식 기도를 했답니다. 한 주간 동안 기도를 하는데 아무런 응답이 안 와요. 한 주간 기도 드리고 내려와 다시 사모의 얼굴을 보니 그 얼굴이 그 얼굴이잖아요. 한 주 만에 하나님이 성형 수술을 해주는 게 아니잖아요. 그런데 자기 입에서 자기도 모르게 튀어나온 말이 "하나님 감사합니다. 저런 걸작품을 내 짝으로 주셔서 감사합니다." 자기도 모르게 튀어나오더랍니다. 이것은 사물을 바꾼 겁니까? 관점을 바꾼 겁니까? 관점입니다.

하나님이 우리에게 주시는 기도의 응답은 두 가지입니다. 하나는 사물을 바꾸는 게 있고 다른 하나는 관점을 바꾸는 게 있습니다. 대부분 관점을 바꿔줍니다. 예를 들어서 '병 고쳐주옵소서.' 고쳐주시는 경우도 있고, 안 고쳐주시는 경우에도 "주여 감사합니다. 이렇게라도 살게 해 주시니 감사합니다."라고 기도합니다. 나의 관점을 바꿉니다. 하나님이 기도 응답을 안 해주시는 게 없어요. 우리는 막 급해요. 하나님께 기도하면서 빨리 해 주시고 지금 금방 이루어 주시라고 합니다. 하나님은 때가 있고 기한이 있습니다. 우리 교회가 갑자기 부흥되고 하면 얼마나 좋겠어요. 스텝 바이 스텝(Step by step) 해야 합니다. 내가 시루떡 축복 이야기 했죠. 그렇게 되기를 바랍니다.

여러분. 교회는 지식으로 되는 게 아닙니다. 지식으로 한다고 하면, 내가 아마 교회 개척하면 우리나라 몇 번째 손가락에 들어갈 수 있어요. 지식으로 안 됩니다. 어떤 사람들은 주일날에만

예배드리고 말씀 전하고, 그건 아니에요. 그건 목회가 아닙니다. 엎드려 기도하고, 성도들이 하나 되고, 전도하고 양육하는 그 과정에서 교회가 부흥되고 교회가 발전됩니다. 제가 목회자 세미나에 가면 그런 이야기를 합니다. '목사님들 괜히 시건방 떨며 박사되지 마세요. 내가 되어 보니까 그게 목회에 아무짝에도 쓸데 없습니다'. 학교에서 가르치는 데는 필요한데 목회에는 아무짝에도 쓸 데가 없어요. 성경 읽고, 기도하고, 전도하라. 간단합니다. 성경 연구하고, 기도 생활하고, 전도하라 입니다.

제가 어젯밤에 숙소에 가서 TV 리모콘을 아무리 만져도 TV가 안 나와요. 기계치인 내가 한 눈에 봐도 뭐가 그리 복잡한지. 우리 집 것은 누르면 바로 나오는데 여기는 뭐가 복잡한 지 '신호가 없습니다.' 뭐 한참 해보다가 '에이, 뉴스 안 본다.' 그러니 뭐 하겠어요? 성경 읽고, 기도하였습니다. 하나님이 인도하시는 방법이 오묘하십니다. 집에 와서 TV 뉴스 보면 뉴스만 보나요? 돌리다 보면 영화 나오면 영화 볼 거 아니에요? 나는 영화 안 청했는데 뭘 돌리니까 나오더라 할 거 아니에요? 또 그것만 보면 어때요? 그게 아니에요. 아예 원천적으로 할 줄 모르니까, 안 나오게 하니까 성경 읽고 기도하고 조용히 오늘 집회 준비하고, 원래 제가 보통 집회 가면 그렇게 준비 많이 안 합니다. 왜? 내 머리 믿고 집회 준비 많이 안 하는데 이번에는 웬일인지 이걸 쓰고 시편 주석들 다 구해서 복사하고 줄 치고 이렇게 하는 거 보고는 집사람이 보더니 "참 희한하네요. 저 양반이 저러는 거 보니까 희한하네요." 그 앞에서 장난합니다. "그래, 한 번 시작했으면 끝까지 해야지. 하다가 안 하면 간다."고 해요. 하다가 안 하면 하던 일도 계속 안 하면 하나님 불러 가버린대요. 그래서 "오라 하면 가지 뭐." 하나님 오라 하면 가는 게 아니에요. 그렇게 한대요. 제가 왜 이 말씀을 드리는가 하면, 큰 교회 가서 대접 잘 받고 고급차 타고 다니는 게 문제가 아니고, 우리가 말씀을 묵상하고 복 있는 사람은 이렇다. 악한 자는 그렇지 않으며 겨와 같이 날려간다고 전합니다.

II. 불안정의 삶

두 번째는 불안정의 삶입니다. '바람에 나는 겨'가 뭡니까? 날아가니 어디 안정하지 못하고 불안정하게 다닌다는 말입니다. 그래서 바람에 따라 자기가 방향을 결정합니까? 겨가? 아니죠. 바람 부는 쪽으로 날아갑니다. 남풍이 불면 남쪽으로 가고, 북풍이 불면 북쪽으로 가고, 자신에게 주도권이 없어요. 바람에 날아다니는 불안정한 삶을 살아갑니다. 왜 그럽니까?

1. 생명이 없음

생명이 없기 때문입니다. 겨는 껍데기뿐이죠? 텅텅 비었어요. 무용지물입니다. 아무것도 없는 겁니다. 생명이 없으면 안정하지 못합니다. 믿음의 생명이 우리에게 있음으로 말미암아 안정되게 살아갑니다. 주님 앞에 기도합니다. 주님 앞에 감사합니다. 하나님의 영광을 우리들이 사모하고 살아갑니다. 여기에서 중요한 건 생명이 있기 때문입니다.

생명은 움직임의 기본입니다. 생명이 없는 겨는 자기 뜻과는 다르게 바람이 부는대로 날아갑니다. 안정이 없습니다. 불안정의 삶이 계속됩니다.

2. 무게가 없음

두 번째, 무게가 없기 때문입니다. 혹시 있긴 있어도 껍데기에 무게가 없으니까 날아가지 않습니까? 실속이 없고 중량이 나가지 않기 때문에 안정된 삶을 살지 못합니다. 그래서 부평초(浮萍草)처럼 떠다닙니다. 우리가 믿음의 생활도 그렇습니다. 말씀에 무게를 가지시기를 바랍니다.

삶에 우리 생활의 무게 즉, 중량이 없으면 안정된 삶을 살아

가지 못합니다. 이게 악인의 삶입니다. 악한 자의 삶은 무게가 없기 때문에 바람에 날리는 부평초 같이 날려 다닙니다. 지금은 남 보기에 그럴듯하게 보이고. 외형은 쭉정이의 모양은 좋잖아요? 알곡보다 쭉정이가 보기가 좋아요. 아래가 홀랑 빠진 거는 별로 볼 것도 없고 그냥 떨어지고, 쭉정이는 제법 그럴 듯 하잖아요. 오늘날 바깥에 설치는 사람들 보면 우리가 뭐 남의 걱정을 할 그건 아닙니다만, 아이고 쭉정이들이 설칩니다. 금보다 금도금이 더 빛이 나요. 금보다 금도금이 더 광납니다. 그래서인지 사람들은 금도금을 더 선호해요. 현대 이론이 어떻고, 미국의 아무개가, 마치 자기가 본 것처럼 자기 친구처럼 거들먹거리면서 하는 사람들이 있어요. 거기에 비하면 '예수께서 가라사대' 그러면 고리타분한 걸로 착각을 합니다. '하나님이 말씀하시기를' 그러면 이상한 걸로 봅니다. 아니요. 저와 여러분, 우리 교회 성도 여러분은 말씀 중심에서 우리 교회의 바탕이 콘크리트 바탕이 아니고 신/구약 말씀이 바탕이 되기를 바랍니다.

III. 버림당하는 삶

세 번째, 악인의 삶은 무엇입니까? 첫 번째는 이 악인의 삶의 모습이 우리에게 어떻게 나타나는지 보면 쫓기는 삶이고, 두 번째는 불안정한 삶이고, 세 번째는 버림 당하는 삶입니다. 쭉정이를 성경에 보면 뭐라고 했습니까? 모아서 태워버리죠? '알곡은 안에 들어가고 쭉정이는 불태워 버린다'. 했습니다. 이것은 버림 당한다는 말입니다. 알곡과 쭉정이애 대한 교훈은 타작마당에서 흔히 볼 수 있는 팔레스타인 지방의 풍속입니다. 마태복음 3장 12절에 "손에 키를 들고 자기의 타작마당을 정하게 하사 알곡은 모아 곳간에 들이고, 쭉정이는 꺼지지 않는 불에 태우시리라" 했습니다. 쭉정이는 지옥불에서 태웁니다. 꺼지지 않는 불이 뭡니까? 지옥불에서 태운다는 말입니다. 알곡은 하나님의 곳간에 하나님이 모아주십니다.

시편 1편을 보면, 5절에서 나오죠. 악인의 길은 망합니다. 6절에도 나오죠. 악인의 길은 망합니다. 시편 68편 2절에 "연기가 불려 가듯이 그들을 몰아내소서 불 앞에서 밀이 녹음같이 악인이 하나님 앞에서 망하게 하소서" 했습니다. 이런 기도가 시편 68편에 나옵니다. 그래서 악인은 하나님보다 자기를 표준으로 합니다. 여기에 문제가 생깁니다.

문제 생기는 교회들을 보면 공통점이 하나 있어요. 하나님이 표준이 아니고 목사나 장로가 표준이 될 때 그 교회에 문제가 생깁니다. 교회는 하나님의 교회입니다. 의사는 자기가 병원을 개업하면 '김남식 내과'. 내 이름을 붙이죠? '이순규 소아과' 붙이고 용한 의사가 돼요. 내가 그런 소리 하고 웃습니다. 명의와 돌팔이의 차이가 뭐냐? '내 병 고치면 명의고 못 고치면 다 돌팔이다.' 그렇게 하는데 우리가 보면 내 이름 붙여요. 병원이나 회사 세우고 내 이름 붙이죠? 교회에 세워서 내 이름 붙입니까? 여기 우리 교회 간판을 '이순규 교회', 그날로 이단이요. 왜? 우리가 주인이 아니다는 말입니다. 그렇지요? 하나님이 주인이신 하나님의 교회이지요. 하나님이 중심이지 개척자가 주인이 아닙니다. 섬기는 자고 뒤에서 일하는 종이라는 말입니다. 종이 무슨 폼 잡을 거 있습니까? 주인을 내세워야지요. 오늘날 이 엉터리 종들이 자기가 주인 행세하는 곳이 많아요. 교회 돈은 자기 돈이고. 그러니까 교회마다 시끄럽고 분쟁 나고 하는 꼴을 많이 봅니다. 저와 여러분, 가난해도 감사합시다. 우리가 함께 모여서 감사합시다.

그래서 여기에서 보면 자기를 표준으로 하지 말고 하나님 중심의 역사를 이루어야 합니다. 이것을 가르쳐서 하나님 중심의 세계관(worldview)이라고 합니다. 타작하면 알곡은 창고에 모이고 쭉정이는 버립니다. 그래서 악인이 형통하는 것 같이 집착하지 맙시다. 누가 뭐 했다? 관심 가지지 맙시다. 하나님이 우리에게 주신 법도대로, 하나님이 주신 원리대로 우리가 살아갑니다. 소위 말하는 우리 교회의 스타일을 만드세요. 우리 교회의 스타일, 교회마다 성경 읽고 기도해야 합니다. 고상한 문자 필요없어요. 고상한 문자하라고 하면 내가 자기들보다 잘 쓸 수 있어요. 결론은 그거 다 소용없더라고요. 말씀입니다. 하나님의 말씀입니다.

1. 바른 예배

그래서 우리에게 중요한 것이 하늘 백성들이 이 땅에 살아갈 때 제일 먼저 하여야 할 일이 뭘까요? 예배입니다. 하나님께 예배하는 겁니다. 그러니까 우리가 예배 드리면 하나님께서 우리에게 복 주시는 겁니다. 그 복을 받은 우리가 복을 형제와 축복하고 나눕니다. 그래서 우리가 바른 예배, 공예배, 가정에서 가정예배 드리세요. 바빠서 못한다고요? 바쁘면 밥 안 먹습니까? 아무리 바빠도 밥 먹잖아요. 가정예배 한다고 어렵게 생각하지 마세요. 나의 책 〈시편 묵상〉을 보면 1년 동안 가정에서 시편 읽고 가정예배를 드리도록 돼 있어요. 우리에게 중요한 것은 이런 바른 예배를 드립시다.

2. 주일성수

두 번째는 우리가 주일을 거룩하게 지킵니다. 주일성수입니다. 요새 주일을 거룩하게 지키자 하면 율법주의자 소리 듣는 세상입니다. 우리는 일요일이라고 하지 않습니다. 주일(主日), 로더스데이(Lord's Day), 즉 주님의 날입니다. 오늘이 무슨 날이에요? 주님의 날, 주일, 로더스데이입니다. 월화수목금토'일'이 아니고 주(主)월화수목금토입니다. 주일이 시작입니다. 우리나라에는 토요일, 주일을 주말이라 하죠. 언론에서 틀렸어요. 미국은 금요일 저녁부터 토요일 저녁까지가 주말이고, 주일부터는 새주간입니다. 이 계산법이 달라요. 주일부터 새날입니다. 그래서 우리가 주일을 거룩하게 지킵시다.

3. 십일조

그 다음 우리가 주일을 지킬 때 하나님 앞에 십일조를 봉헌하는 겁니다. 소득의 십일조입니다. 어릴 때부터 훈련시켜야 됩니다. 아이들에게 용돈 주면 용돈에서 십일조를 주일 헌금으로 바치게 훈련시켜야 됩니다. 처음부터 몸에 베면 되는데 중간에 하려면 아깝지 않아요. 1억 수입이 생겼다면 천만 원 내라 하면 손이 달달 떨릴 거 아니에요? 10억 생겨서 1억 내라 하면 그건 몸이 부들부들 떨리고요. 사람이 다 간사합니다. 그러나 그것이 내 것이 아니고 하나님 것이니깐 하나님이 주신 복을 내가 나누고 섬기고 하는 그와 같은 규율을, 그래서 우리 성도들이 주일 성수와 십일조를 해야 됩니다.

옛날 1907년 경에 우리 한국교회 '날연보'라는 것이 있었어요. '데이 오퍼링'(Day Offering)이라고 하는데 뭔가 하면 그때 다른 고정 수입이 있나요? 농사 밖에 없잖아요? 그러면 성도들이 '내가 하나님의 복음을 위해서 며칠을 하나님 앞에 바친다.' 그래서 '날을 바친다.' 해서 '날연보'라고 합니다. 통계에 보면 날 연보가 1900 며칠을 교인들이 바쳤다는 통계가 나와요. 오늘날 신학교에서도 그걸 몰라요. 교수들이 모르니까 안 가르치니까 목사님들이 날연보 처음 듣는 사람도 많아요. 제가 그 강의를 하면 옛날 우리 조상들이 날연보를 바쳤다. 요새 말로 하면 교회 봉사하고 전도 봉사하러 나오는 날, 그런 거 하고 비슷하겠죠? 나와서 다른 이웃에게 전도하고 봉사하는 그런 날연보가 있었습니다. 우리는 우리의 삶의 전부를 하나님께 드리죠? 그러나 그 중에 특별히 거룩한 날 주일을 구별, 성별(聖別)하여 하나님께 드리는 것이 우리 하늘 백성의 귀한 사명 가운데 하나입니다.

여러분, 악인이 잘 되는 것을 보고 부러워하지 맙시다. 악한 자가 잘 되는 것을. 시편 37편 한 번 찾아봅시다. 시편 37편 1절부터 2절까지 다 같이 읽읍시다. '악을 행하는 자들 때문에 불평하지 말며 불의를 행하는 자들을 시기하지 말지어다 그들은 풀과 같이 속히 베임을 당할 것이며 푸른 채소 같이 쇠잔할 것임이로다'. 여기 악한 자 때문에 마음에 배 아파하지 말고 마음에 답답하게 여기지 말라. 이유는 2절에 나옵니다. '풀과 같이 속히 베임을 당한다'고 했습니다. 여기 풀은 무슨 말인가 하면 잡초라는 말입니다. 저는 옥상에 텃밭 가꾼다고 했잖아요? 한 며칠 안 올라가면 잡초가 이만큼 더 자라요. 진짜 심은 배추는 이만큼 손가락 한 마디인데 잡초는 한 뼘 돼요. 자라는 속도를 보면 누가 잘 자라요? 잡초여요. 근데 잡초는 잘 자라면 어떻게 돼요? 손에 잡힐 때면 주인이 솎아버려요, 뽑아버려요. 오늘 이 본문이 그 말입니다. 풀과 같이 속히 베이면 잡초같이 잘 돼봤자 죽으려고 잘 되는 거지 그걸 가지고 왜 배 아파하느냐고 말합니다.

다른 예를 들어봅시다. 자동차가 달리는데 고급 세단이, 외제 세단이 브레이크 고장이 나서 달리는데 내 조그마한 경차가 옆에 탈탈거리고 갑니다. 잘 가잖아요? 종국에 가서는 세단은 어디 가요? 처박혀서 죽든지 찌그러지든지 할테고, 나는 탈탈거려도 목적지에 갑니다. 그거 잘 간다고 부러워하지 말라 그 말입니다. 죽음을 향하여 잘 가는 거 왜 부러워합니까? 저와 여러분, 악인의 형통을 부러워하지 맙시다. 하나님이 우리에게 일용할 양식주시고, 하나님이 우리와 함께 하심. 죄악인의 삶은 겨와 같다. 4절에 간단하게 쓰여 있는데 '악인은 그렇지 않으며 바람에 나는 겨와 같도다'. 간단합니다. 길게 설명이 없어요. 앞에 1, 2, 3절에 말했던 믿음의 백성들의 그 모든 것이 다 없어진 정반대가 악인의 삶이라 그 말입니다.

결론

이제 말씀을 정리합니다. 이 땅에 누가 악하냐? 우리가 무슨 악인이냐. 교도소 갔다 왔다고 악인이냐? 그게 아니에요. 하나님을 믿지 아니하는 자가 악인이요. 기준이 하나님보다 자기를 내세우는 자가 악인이에요. 그러므로 저와 여러분의 삶에서 중요한 것은 하나님을 1번으로 모십시다. 하나님, 가정, 교회입니다. 대부분 하나님, 교회, 가정이라고 하는데 아니에요. 하나님, 가정, 교회입니다. 하나님이 가정부터 먼저 만들었어요. 가정이 뭐냐? 작은 교회입니다. 여러분의 가정이 작은 교회가 되기를 바랍니다. 여러분의 가정이 하나님을 영화롭게 하는 영화의 처소가 되기를 바랍니다. 그것이 모여서 교회에 오면 교회는 큰 가정이에요. 가정은 작은 교회, 교회는 큰 가정입니다. 일치되는 그와 같은 원리가 믿음의 삶에서 필요합니다.

악인의 삶을 부러워하지 맙시다. 다이아몬드 반지를 아무리 큰 거 끼고 다니면 뭐할 겁니까? 끼고 다니면 도둑놈이 손가락 잘라가요. 목사님들도 만나면 앉아서 자동차 자랑을 해요. 내 차는 얼마다 그래요. 내가 씨익 웃으면 "왜 웃으세요?" "내 차는 고장도 안 나는데" "차가 얼마짜리입니까?" "몰라, 15억이라고 하던가 20억?" "그게 무슨 차입니까?" "그런 거 있다"고 하니 궁금해서 전부 다 날 쳐다보고 있어요. '지하철', 시간 딱딱 맞춰 오고 나이 많다고 공짜 태워주고 얼마나 고마운데요. 요새는 버스 타도 버스 요금을 나한테 돌려주더라고요. 한 달 되면 얼마 입금됐다고 연락이 와요. 얼마나 고마운 나라입니까? 버스비도 공짜 해주지, 전철 타면 공짜 해주고, 타면 내가 일부러 노약자석에 안 가요. 거기 가면 또 자리에 앉으려 할 거라서 운동 삼아 서서 갑니다. 서서 이렇게 사람들 구경합니다. 전철 안에 사람 구경해보면 재미있어요. 공통점은 전부 다 핸드폰 들고 있어요. 애나 어른이나 핸드폰 들고 손가락 움직이고 있어요. 내가 속으로 '앞으로 안과 병원 돈 벌겠다.' 저 사람들이 다 시력이 안 좋아지면 안과에서 돈 벌겠다 그런 식으로 했는데 딴 것도 없어요.

감사의 영으로 삽시다. 세단이 중요한 게 아닙니다. 하나님과 동행할 때 우리를 푸른 풀밭, 쉴만한 물가로 인도하시는 하나님. 사망의 음침한 골짜기로 다닐지라도 주께서 나와 함께 하심이라 이게 복입니다. 주님이 나와 함께하는 게 복이잖아요. 그 이상 좋은 게 뭐 있어요? 저와 여러분이 이런 형통의 복 있는 사람이 되시기를 주님의 이름으로 축원합니다.

기도드립니다. 하나님 아버지 감사합니다. 악인의 삶, 바람에 나는 겨와 같이 흔들리고 쫓기고 멸망 받는 삶을 우리들이 부러워하지 않게 하시고, 하나님을 의지하며 하나님과 동행하며 하나님의 귀한 뜻을 가슴에 새기면서 하나님 제일주의로 살아가는 우리 성도들과 성도들의 가정이 되게 하옵소서. 바른 예배를 드리게 하시고 바른 가정을 이끌어 주시고 우리의 모든 것이 주의 영광 드러내게 해주옵소서. 예수님 이름으로 기도하옵나이다. 아멘.

제5강

구별의 삶

제5강

구별의 삶

시편 1편 5절
그러므로 악인들은 심판을 견디지 못하며 죄인들이
의인들의 모임에 들지 못하리로다

1절은 부정의 삶, 2절은 긍정의 삶, 3절은 형통의 삶, 4절은 악인의 삶, 5절은 구별의 삶입니다. 우리 예수 믿는 사람은 믿지 아니한 사람과 구별되었습니다. 이것을 우리가 말할 때 성별(聖別)이라고 합니다. 우리가 구별되었다고 그 사람들보다 훌륭하다는 말이 아닙니다. 우리가 그 사람들보다 도덕적으로나 물질적으로 세상의 권력, 모든 면에서 못할지라도 우리는 우리의 시민권이 바울의 표현대로 '하늘나라에 있는지라' 그래서 소중합니다. 우리가 보면 우리 하나님의 나라 그 꿈을 가진 사람들은 늘 천국을 소망하고 삽니다.

제가 미국에서 공부를 마치고 박사학위를 받을 때 나이지리아에서 유학 온 모세라는 친구가 있었어요. 얼굴이 어느 정도 까맣냐 하면 연탄보다 더 까맣습니다. 참 까맣다 까맣다해도 그렇게 까만 사람 처음 봤어요. 그리고 거기에다가 얼굴에 흉터가 있어요. "야, 모세야. 너 왜 그러냐?" 그러니까 그 나라는 남자가 태어나면 용감하라고 얼굴에 흉터를 낸다고 해요. 그러니까 미국에 유학을 올 정도 되니까 그 나라에서 엘리트지요. 그래서 그는 석사 과정을 하였고, 나의 박사 과정에는 학교 도서관장하는 탐 리더가 있어 두 명 밖에 학생이 없으니까 지도교수가 저한테 저 모세 좀 돌봐주라고 해요. 그 친구가 강의실에 오면 미국 친구들이 말은 안 하지만 옆에 안 앉아요. 체취가 고약해요. 묘해요. 그러면 그 친구가 내 옆에 와서 앉았습니다. 아마 자기가 보니까 다 하얀데 노란 사람은 하나뿐이니까 그 까만 거 하고 좀 닮았던 모양이지요. 그래서 날 보고 한국말을 가르쳐 달래요. 인사하는 법을요. 그래서 내가 가르쳐 주기를, "'형님, 안녕하세요.' 한국어로 그렇게 인사한다." 그러니 나만 만나면 "형님, 안녕하세요." 인사하면 나는 "오냐" 하거든요. 자기는 그게 한국말인 줄 알고 인사 하지요. 이제 그 친구는 거기서 석사학위를 받고 나서 나이지리아 기독교 대학의 부학장으로 가요. 나는 박사학위 받았는데 한국에 가면 시간 강사 자리가 있을까 말까 하는데 그 친구는 부학장으로 가요. 미시시피 잭슨 공항에서 헤어집니다. 그는 아프리카로 가기 위해서 대서양 쪽으로 건너가고, 나는 태평양을 건너 이제 한국으로 옵니다. 모세가 한 말이 지금도 기억이 납니다. 한국말로 "형님", 그 다음부터는 영어로 "이 세상에서 다시 만납시다. 미국에서 만나든지 자기가 한국에 오든지 형님이 나이지리아 오든지 만납시다." 그 다음 말이죠. "못 만나면(손가락으로 하늘을 가리키면서) 저 나라에 가서 만납시다". 그게 까맣고 노랗고의 문제가 아니고 이 땅에 다시 만나자. 못 만나면 저 나라에 가서 만나자." "아멘." 그랬거든요. 못 만났어요. 아직도 못 만났어요. 모세 어떻게 사는지. 그때 부학장이니까 지금은 총장쯤 까지 올라갔을 거예요. 그런데 나이지리아에서 유학 온 학생들이 자기들끼리 영어를 해요. "야, 너희는 왜 영어를 해?" 그랬더니 나이지리아의 말이 260 몇 개래요. 한 나라의 자기들끼리도 안 통하는 거예요. 자기들끼리도 안 통하니까 영어를 공통어로 사용합니다. 그런데 우리는 남북이 갈려도 김정은 만나서 '잘 있었냐' 그럴 수 있잖아요? 그럼 자기가 알아듣잖아요.

그게 얼마나 큰 복인지 모릅니다. 우리나라가 받은 복인데 그걸 우리가 감사하지 못하고, 매일 데모하고 맨 날 파업하고. 요새 병원에 못 가잖아요. 의사들 파업한다고. 하루는 병원 의사한테 전화가 와서 자기가 안 나온다고 진료 날짜를 당겨 달래요.

가서 의사 보고 한 마디 물었어요. "내가 의사가 아니기 때문에 모르는데 너희 기본 목적이 병자 고치는 거 아니냐, 데모가 목적이 아니지 않느냐, 정부하고 치고받고 해도 너희가 알아서 하고 하더라도 진료하고 해라." 대통령이 고집이 세 가지고 말 안 듣는데요. 고집이 센 사람이 너희 말 듣겠냐? 국민의 거의 대부분은 환자 편이다. 그래서 내가 우스갯소리로, 잘 아는 의사니까 "명의와 돌팔이의 차이가 뭔 줄 아냐, EBS 프로그램에 금요일 저녁의 명의에 나온다고 명의가 아니고 내 병 고치면 명의고, 못 고치면 돌팔이다." 자신의 병, 그러니까 우리 사람의 가치 기준이 나지요. 아무리 병 고쳤다고 명의라고 해도 내 병 못 고치면 그건 돌팔이에요.

사람의 기준이 항상 자기입니다. 그래서 우리가 살아가는데 자기가 기준입니다. 그러나 하나님의 백성의 기준은 나 자신이 아니고 하나님이 기준이 됩니다. 그래서 5절에서 이제 악인의 삶의 모습을 말하고 구체적으로 구별하는 것을 말합니다. 4절에서 '바람에 나는 겨와 같다'고 말합니다. 1절에서는 '복 있는 사람은'이라고 하는데 이것은 감탄형입니다. 하나님 앞에 감탄해서 복 있는 사람이라 하고, 4절은 악인은 바람에 나는 겨와 같도다 선언하는 겁니다. 무슨 말인가 하면, 복 있는 사람은 시인이 보니 너무 고마워 놀라워라 감탄하는 그와 같은 거고, 악인은 보니까 너의 종말은 마지막 저 나라(지옥)에 가는 거라는 것입니다.

　우리가 보면 텃밭에 상추를 심으면 상추는 1cm 자라는데 잡초는 한 뼘 자라요. 자라는 비율을 보면 누가 잘 자라요? 잡초가 잘 자라지요? 그러나 잡초가 잘 자라는 것은 뭐를 향해 잘 자랍니까? 죽음을 향하여 잘 자라지요? 주인의 손에 잡힐 때부터 솎아서 뽑아 버리면 죽어요. 그런데 우리가 그걸 보고 죽어가는 사람들이 잘 되는 걸 보고 부러워하는 사람이 있습니다. "예수 안 믿는데 잘 먹고 잘 살더라."고 합니다. 잘 먹고 잘 살지요. 그러나 복은 그게 아니잖아요.

　오늘 5절에서 구별이 나옵니다. 예수 믿는다고 거룩하게 되는 것도 아니고, 예수 믿는다고 부자 되는 것도 아니고, 예수 믿는다고 공부 잘하고 1등 하는 것도 아니요. 꼴등을 할지라도 하나님의 역사가 있는 우리는 하늘 백성입니다. 그래서 바울의 표현처럼 우리가 이중국적자가 됩니다. 이중 국적자입니다. 우리나라에는 좀 나쁜 개념이잖아요?

　이제 여기 보면 구별이 나옵니다. 우리가 이 세상에 모든 게 구별이 있어요. 선한 영역과 악한 영역, 하나님의 백성과 세상 백성. 그래서 이런 구별이 있는데 우리가 여기에서 보면 이 세상이 아무리 번영할지라도 하나님 세계와 비교를 하지 못합니다. 그래서 5절에 우리의 두 가지 구별된 현상을 소개합니다.

3e절과 병행을 이루는 것은 악인들/실패자들에게도 일어난 일에 대한 문자적 설명입니다. 즉, 두 용어는 1절에서 이어집니다. "그러므로"(알-켄)는 전치사의 "그러므로"(라켄)와 같이 심판 선언에 대한 소개가 아닙니다. 이것은 논리를 지적하는 것입니다. 그렇다면 두 콜론은 병행을 이룹니다. 즉, "그러므로 … 견디지 못하며"는 첫째 콜론뿐만 아니라 둘째 콜론에도 적용되면서 "실패자"는 "악인"과 병행을 이루고, "의인의 모임에"는 "심판을"과 병행을 이룹니다. "악인"은 "의인"의 반대어이며, 두 단어는 6절에서 병행법으로 나옵니다.

심판이 올 때, 악인들은 자신들의 자리를 유지할 수 없거나, 확신에 차 설 수 없거나, 생존하거나 견딜 수 없을 것입니다. 따라서 1절과 5절은 두 가지 대안을 제시합니다. 악인들/실패자들/오만한 자들과 살고 서며 앉든지, 심판을 견디며 의인의 모임(또는 총회 the assembly of the faithful)에 들지 합니다. 이들은 공동체가 나뉘는 두 병행되는 실제 모임이 아닙니다. 의인의 모임은 실제 모임이며, 오만한 자들의 모임은 그 모임의 어두운 그늘입니다.

이 심판은 무엇입니까?

만약 우리가 다니엘 7장에 비추어 이 시편을 읽는다면, 심판은 종말의 사건을 가리킬 수 있습니다. 70인역과 제롬(Jerome)

은 이런 식으로 악한 사람들이 심판 때에 "다시 일어나지" 못한다고 말했으며, 탈굼은 그들이 위대한 날에 용서받지 못할 것이라고 말합니다. 이는 독자들에게 전체 행이 종말의 심판을 언급한다고 보도록 만들 것입니다.

이는 이사야 26:14, 19에 나오는 동사 쿰(qum)의 사용과 일치하는데, 이사야 본문에서 주어들은 죽었습니다. 그렇다면 "의인의 모임"은 다니엘 7장 같은 본문에서 묘사되는 모임입니다.

그러나 구약 다른 곳에서 "심판"이나 "의인의 모임"은 공동체에서 어떤 분쟁이나 이슈나 잘못을 결정하고자 모인 모임일 것입니다. 이는 이 시편이 가리키는 법적 결정을 하는 의인들의 모임입니다. 이 모임은 1절에 나오는 어두운 대응 모임과 대조되는데, "모임"(assembly[아다트]과 "꾀"(plans, 아차트)을 가리키는 단어들 사이의 유사함으로 강조되는 대조입니다. "의인의 모임"은 또한 "정직한 자들의 모임과 회중"(the council of the upright, the assembly, 시 111:1), 곧 성전에 있는 회중들을 떠올리게 합니다.

또한 구약은 종종 지속하는 삶 가운데 여호와의 개인이나 공동체 사이의 법적 소송에 대해 말합니다. 어느 쪽도 법적 소송을 시작할 수 있습니다(예를 들어, 시 143:2; 욥 9:32; 22:4; 사 3:14; 렘 12:1). 예레미야 4:11-12은 흥미롭게도 여호와의 심판이라는 개념과 곡식을 까부르는 모습을 연결합니다. 하나님과 백성의 관계는 이런 식으로 사람들이 익숙한 성문에서의 법적 소송에 비추어 묘사되는데, 물론 은유 사용은 왕이 재판관으로 행하면서, 종종 이 법적 소송이 군주제 아래에서의 예루살렘에서 행해지는 방식으로 전제합니다(참조. 왕상 7:7; 잠 20:8).

그러나 이 시편은 오히려 한 재판관보다는 배심단과 같은 전통적 모습을 시사합니다. 여호와는 이 과정에 참여하지만(6절), 다른 법정의 경우처럼 장면 배후에 있습니다. 우리는 시편이 정확하게 어떤 제도를 언급하는지 모르지만, 잠언 5:14은 "많은 무리가 모인 중에서 큰 악에 빠지게" 된 부도덕한 사람에 대한 비슷한 모습을 제공합니다.

I. 심판 앞에 서지 못하는 사람

5절에 '심판을 견디지 못 한다'고 했습니다. 이것은 심판대 앞에 서지 못한다 그 말입니다. 이것이 하늘 백성과 이 세상 백성의 차이입니다.

1. 심판의 필연성

첫째, 심판의 필연성입니다. 마지막 날 심판이 있습니다. 불신자들은 '뭐 이 세상 죽으면 그만인데'라고 합니다. 우리의 삶은 '죽으면 그만'이 아니에요. 그래서 죽음 다음에 뭐가 있어요? 영원한 세계가 있습니다. 그래서 죽음은 모든 것이 끝나는 게 아니고 새로운 세계의 시작입니다.

그래서 죽음의 문제를 제가 잘 아는 목사님이, '기독교 장례 매뉴얼'이라는 책을 냈어요. 오늘날 기독교 장례에 대한 틀이 없어요. 대부분 보면 목사님이 하는 게 아니고, 장례지도사 그 사람이 다 하고 목사님은 설교 몇 번 밖에 안 해요. 저자인 안 목사님은 그렇게 하는 게 틀렸다는 거예요. 기독교식 장례는 이렇게 하는 거다. 그래서 그 목사님께서 책을 냈는데, 제가 거의 수정해 주고 교열해 주었습니다. 그래서 우리 집 수리하는 거 뭐 하는 거는 그 목사님께서 다 해줘서 고마웠어요. "이 책 출판비가 얼마 들든지 걱정하지 마라. 그건 내가 낼게" 왜? "안 목사, 네가 우리 도와줘서 이 집 수리해주고 책꽂이 만들어주고 이렇게 해주는데 네게 일당 계산해서 줄 수 없지 않냐, 며칠 몇 시간 했으니 얼마 줄께 할 수 없으니까 내가 안 주면 목사가 공짜 되게 좋아하더라 그 소리 할 것 같으니까 주긴 준다. 그래서 액수 따지지 말고 책 나오는 경비 들어가면 내가 다 만들어 줄께. 신문에 서평도 함께". 출판 감사 예배를 했어요. 그는 백석교단 소속인데 그 노회 산하 목사님이 100여 명 되는데 책을 낸 사람이 그 목사님이 처음이에요. 출판 감사예배 가본 일이 없어요. 참석자들이 축사하러 올라와서 축사하고 '기도합시다' 하고 기도하더라고요. 원래 축사 후에 기도 안 하거든요. 한 사람이 하니까 뒤에 나오는 사람이 다 따라서 기도해요. 그러고 되게 신령했어요. 축사하는 사람마다 기도를 했으니까. 그러니까 밑에 앉은 나 때문에 왔던 목사님들이 보고 자기끼리 그랬대요. 저 목사들 출판기념회를 한 번도 본 일이 없다. 그래서 설교하고 기도하는 게 몸에 배어 가지고 축사하고도 기도했다고 말했답니다. 그래서 소위 문화 경험도 필요합니다.

목사님들이 문화 경험해야 돼요. 부잣집에 가면 바울의 표현대로 부할 줄도 알고 가난한 집에 가면 가난할 줄도 알아야 합니다. 부잣집에 가서 "이거 얼마에요? 좋네요?" 그 소리하면 안 돼요. 이거 좋네요. 이거 어디서 샀어요? 그러면 사달라는 소리로 들리거든요. 그런 거 아무것도 아닌 척하고. 가난한 집에 가면 그 사람 맞게 해야 해요.

내가 어느 교회 목회할 때 대심방을 하는데 산꼭대기로 한 20분 산으로 올라가 있는 교인 집에 심방을 갔어요. 서울 시내가 다 내려다보여요. '아이고, 이래 사는가 보다' 그러면서 요새 교회라 하면 어른이면 다 집사잖아요? "집사님, 아침마다 기분 좋겠네요." "왜요?" "밑에 서울시를 내려다보고 볼일 보니까요." 그렇게 싱거운 소리를 하고 보니 딸기를 사 왔어요. 새까만 비닐봉지에 사 왔어요. 부목사들이 딸기를 먹으려고 손이 가요. 내가 옆구리를 확 찔렀어요. 먹지 말라고 사인을 보냈어요. 예배 마치고 "다른 집 가야지. 빨리 가자." 내려왔더니 부목사들이 물어요. "목사님, 왜 딸기 못 먹게 합니까?" "야, 이 집 애들이 1년 동안 딸기 몇 번 먹었겠냐? 목사 심방 왔다고 딸기 사왔는데 우리가 홀랑 다 먹고 가면 아이들이 목사 알기를, '목사님들이 오셔서 하나도 안 남기고 다 먹고 가더라'고 욕할 거 아니냐" 내가 그렇게 말했더니 "목회가 그것까지 신경 써야 됩니까?" "그래, 그것까지 신경 쓰는 게 목회다. 부잣집에 가서 먹자." 그런데 그 친구들이 지금 아주 큰 교회에서 목회하고 있습니다. 자기네들이 그런 말합니다. 학교에서 3년 배운 것보다 그 한 마디가 진정한 목회학이었다고, 주면 준다고 먹을 거 아닙니까. 생각해보면, 그럼 그 집 애들 어떻게 해요? 그것까지 생각해야 됩니다. 그런데 제가 한센병 치유자교회 목회를 할 때, 내가 가면 귤을 그냥 주면 되잖아요? 그런데 그걸 손으로 까서 줘요. 그걸 안 먹으면 안 돼요. 그것도 인상 쓰면 목회가 끝나는 거요.

우리가 보면 하나님의 백성들이 불신자들이 보면 "예수쟁이들 보면 미쳤어, 한참 미쳤지." 뭐 낮에나 예배당에 잠시 들리고 집에 오면 되지. 오후에도 모여서 자기끼리 성경 공부한다고? 이해가 안 돼요. 우리가 천만 원 헌금 해놓고 '하나님 아버지 감사합니다'. 기도하면 그 미친 놈도 한참 미친 놈이요. 아까운 돈을 교회에 바쳐 놓고 감사하다고 하니깐요. 그런데 도적들이 목사님 집에 언제 들어온 줄 아세요? 주일 밤에 온데요. 도둑놈들 생각에 헌금한 거 목사가 다 먹는 줄 알고, 목사 집에 다 있는 줄 알고 그걸 털러 온대요. 도적 만난 목사님들 만나 이야기 들어보면 대부분 주일 밤에 당했답니다. 그러니까 목사님이 주일에 하루 종일 예배 인도하고 피곤해서 자잖아요? 도둑은 돈이 다 거기 있는 줄 알고 그거 털러 온대요. 아이고, 도적도 연구해라. 도적도 머리를 써가면서 도적질해야지.

우리가 보면 하나님 앞에서 심판이 있습니다. 법원에서 재판받는 그것만 심판이 아니고 하나님의 역사는 창조, 섭리, 구속, 심판으로 나타납니다. 말씀으로 창조하시고, 창조하신 그것을 하나님께서 섭리하시고 보존하다가 마지막 날 하나님의 택하신 백성을 구속하고 심판합니다. 하나님의 심판이 없고 이 세상 끝이다? 아니요. 하나님의 마지막 심판이 저와 여러분에게 있습니다. 그래서 우리가 그 심판에 빠지지 아니하고 하늘 백성으로 삼아주신 것이 얼마나 감사한지 모릅니다. 기적이 무엇일까요? 여러분이 받은 기적이 무엇입니까? 첫째 기적은 내가 예수 믿은 것. 날 예수 믿게 한 것입니다. 하나님께서 가만히 놔뒀으면 예수 믿게 되었을까요? 나 같은 것도 예수 믿게 해주신 게 기적의 1번입니다. 앉은뱅이가 일어나는 것만 기적이 아닙니다. 1번 기적은 내가 예수 믿은 것, 내가 주님을 주님이라 부를 수 있는 것, 하나님 앞에 아버지라고 부를 수 있는 게 기적 체험입니다.

일본의 가가와 도요히코(賀川豊彦) 선생이 미국에 가서 강연을 했습니다. 어느 대학에서 강연을 했더니 어떤 학생이 질문하기를 "지금도 기적이 있느냐?" "있다." "보여줄 수 있느냐?" "있다." "언제 보여 줄래요?" "지금 보여 줄게". 학생들이 막 웃었대요. 기적을 지금 보여준다니 웃었습니다. 그래서 가가와 선생이 무엇을 했는가 하면 손가락을 이렇게 접었다가 펴면서 이게 기적이라고 했어요. 애들이 "왜 이게 무슨 기적이냐?" "자기 마음대로 손가락 하나 못 움직인다. 뇌에 작용하고 이 역사를 해가지고 이게 기적이다." 그래서 우리나라 사람들은 가가와 도요히코라 하면 하천풍언(賀川豊彦)의 일본 이름으로 〈사선을 넘어서〉 그 소설만 읽고 있지만, 제가 작년에 〈가가와 도요히코 연구〉라는 600페이지짜리 책을 냈어요. 우리나라 처음으로 내었습니다. 그러니까 어떤 제자가 오더니 "교수님, 책 좀 얇은 것 쓰세요."

"왜?" 이거 다 읽으려 하면 머리가 깨져서 그래요. 자기는 공부 체질이 아니라서 얇게 써 달래요.

이분의 책에 대해서는 우리나라 처음으로 나온 책이기 때문에 전체가 600페이지인데, 재밌는 것은 한국 사람이 일본 사람을 연구한 책을 썼는데 일본 출판사가 그걸 번역해서 내겠대요. "로열티 10% 즉, 인세 10% 내라." '출판해 주는 것만 해도 고맙다.' 그런 게 아니고, "아니면 안 한다. 안 내도 된다. 10% 내라." 주겠대요. 집사람 정 교수가 〈기독교 상담학〉 일본 번역판이 나왔어요. 인세 10% 받습니다. 대부분 한국 목사님들이 일본에서 책 내면 자기 돈 가지고 자비 출판해요. 그래서 그냥 공짜로 뿌려요. 나는 내 책 공짜로 안 뿌린다. 왜? 내가 공부하고 연구하고 머리 짜서 쓴 건데 내가 왜 공짜로 주냐 안 줍니다. 그래서 내 책의 특징 가운데 하나가 첫째, 공짜로 안 주는 것. 둘째, 내 책에는 추천사가 없어요. 누가 물어요. "교수님 책에는 왜 추천사가 없나요?" "야, 내 책 추천할 사람이 어디 있냐? 내가 제일 잘 아는데." 이 영역에는 내가 전문가잖아요? 어떤 사람은 작은 책 내는데 추천인의 30명씩 나와요. 그건 책 팔아먹는 장사지요. "나는 추천사 안 한다. 이 분야는 내가 최고 권위자다. 그래야 책을 쓰지. 내가 누굴 추천 받냐?" 어떻게 보면 진짜 오만, 교만한 말이지요.

우리가 보면 이 세상에 저와 여러분이 살아가는 것이 역사의 필연이에요. 우연이 아니에요. 우리가 이렇게 만나서 공부하는 거 하나님의 역사의 필연입니다. 노사연이 노래 불렀죠? 우리가 만난 것은 우연이 아니라고. 그런 노래 있더라고요. 우리 하나님의 백성의 만남은 우연이 아니에요. 필연이에요. 그래서 우리가 감사하는 겁니다. 만남을 소중히 여겨야 됩니다. 일회용으로 이용해 먹는 일회용 휴지가 아니고, 하나님 앞에서 한 번 만나면 끝까지 가야 돼요.

누가 물어요. "스승의 날, 제자들이 찾아옵니까?" "야, 제자들이 찾아와? 지금까지 내 지도 받고 박사 된 친구가 37명인데 학위 받은 그날 이후로 한 사람도 안 오더라." 그런데 어느 교회에 갔더니 제자인데 교인들에게 광고를 이렇게 해놨는가 봐요. 강사 목사님하고 자기하고 같이 공부했다고 하더래요. 난 몰랐지요. '우리 선생님이다' 하면 되지. 선생님이 부끄러우면 안 청하면 될 거 아닙니까? 청 해놓고 같이 공부했다고 했답니다. 나는 몰랐는데 봉사하는 여 집사님이 오더니 "아이고, 강사 목사님하고 우리 목사님하고 같이 공부하셨다면서요?" 하기에 내가 약이 올라서 "같이 공부했지요. 나는 위에서 하고 자기는 밑에서 하고." 나는 교단 위에서 하고 자기는 밑에서 공부 했잖아요. 왜 그럴까요 사람들이? 올려주면 따라 올라갈 거 아니에요? 깎아내린다고 자기가 올라가는 게 아닙니다.

《고래도 칭찬하면 춤춘다》는 책 있죠? 우리 욕은 안 하고 살면 좋겠지만 욕은 안 할 수가 없어요. 욕 안 하면 재미가 없어요. 그래도 욕은 통하는 사람끼리, 아는 사람끼리만 해요. 다른 사람 앞에서 칭찬할 거 무조건 칭찬하고 통하는 사람끼리 앉아 둘이서 저 죽일 놈 살릴 놈 욕 실컷 하고 해도 그것으로 끝나는 건데, 모르는 사람하고 해봐요. 예수 믿는 사람, 무조건 칭찬하자. 무조건 자랑하자. 좋다 하자' 그러면 자다가도 떡이 생깁니다.

"교회 목사님 어떻습니까?" 다른 교회 교인이 물으면, 무조건 좋다 그래요. 또 어떤 사람들은 "좀 있어 봐야 알지요. 처음이라서. 이제 한 달 밖에 안 됐는데 겪어봐야 알지요." 꼭 그렇게 꼬인 사람 교회마다 있어요. 대표 기도 하는데 어떻게 "하나님 아버지 우리 목사님 공부는 많이 해서 머리는 발달돼 있는데 무릎이 약합니다." 기도 많이 안 한다고 그렇게 기도합니다. 아닙니다. 옛날에 우리나라에 전도 많이 한 최봉석 목사님이 계셨어요. 기도 많이 했던 주기철 목사님의 오정모 사모님이 계셨어요. 사모님은 기도 한 번 시작하면 끝 안 나고 7시간~8시간 해요. 그런데 최봉석 목사님은 3분을 앉아 기도를 못 해요. 전도하러 돌아다녀야 되는데, 만약에 그 오정모 사모님이 그 목사님을 볼 때 욕을 한다면, '목사가 기도도 안 하고 돌아다닌다'. 할 수 있죠?

그러면 최봉석 목사님이 그 사모님을 향해서 욕을 하면 뭐라 할까요? '벙어리처럼 전도도 못하고 앉아 있기만 하면 되나?' 그렇게 서로 욕할 거리가 있겠죠? 그런데 두 사람이 만나서 뭐라는 줄 아세요? 사모님이 "목사님, 내 전도까지 해주세요." 목사님은 "사모님, 내 기도까지 해주세요." 그래서 일본말로 두 사람이 가부시키, 합작(合作)을 했대요. 이게 교회입니다. 기도 잘하는 사람이 있고, 전도 잘하는 사람 있습니다. 다 기도 잘하고, 다 전도 잘하고는 못 하잖아요? 합작을 해요. 기도 잘하는 사람 기도하고, 전도 잘하는 사람 전도하고, 봉사 잘하는 사람 봉사하고, 그래서 합작을 하면 하나님의 뜻을 하나님의 교회를 이루어 나갑니다. 나만 잘 하는 게 아니에요. 왜 판결은 누가 합니까? 하나님이 해줍니다. 판단은 하나님이 해줍니다. 저와 여러분이 이 땅에서 하나님의 판단을 바라보고 나아갑니다.

2. 심판대 앞에 서지 못함

두 번째, 여기 보면 '심판을 견디지 못 한다'고 했습니다. '심판대 앞에 서지 못 한다'는 뜻입니다. '심판 안 받는다'는 말이 아니에요. '너무 두렵고 떨려서 후들후들 거린다'는 말입니다. 보통 자기 죄악의 결과가 너무 무서워서 일어서지를 못하고 주

저앉아버려요. 살인자들, 사형 집행 받는 사람들이 영화 같은 데 보면 집행 전에 가버리죠. 죽기 전에 이미 먼저 가버려요. 죽을 때까지 멀뚱멀뚱한 건 그건 영화지 실제가 아닙니다. 그래서 우리에게 너무 무서워서 일어서지 못합니다.

그래서 성경은 악인들이 심판의 자리에서 내어 쫓기는 모습을 묘사합니다. 마태복음 22장 12절로 13절에 "친구여 어찌하여 예복을 입지 않고 여기 들어왔느냐 하니 그가 아무 말도 못하거늘 임금이 사환들에게 말하되 그 손발을 묶어 바깥 어두운 데에 내던지라 거기서 슬피 울며 이를 갈게 되리라." 내쫓아라, 이게 마지막 심판에서 하나님을 섬기지 아니하는 사람의 마지막 모습이 됩니다. 그에 비하면 얼마나 감사합니까? 우리가 보잘것없고 자랑할 것 없어도 그래도 아버지 앞에 서는 날, 수줍게 '내가 이것 밖에 못 했습니다. 주여 이것 밖에 못 했습니다.' 주님 뭐라고 하시겠습니까? '그래 잘했다. 니 꼴에 그 정도 한 것도 큰 다행이다.' 그러시겠죠? 내 주제에 그만큼 한 것도 크게 감사하고 은혜입니다. 하나님이 큰 거 요구 안 합니다. 우리가 갑자기 앉은뱅이 일으키고 장님 눈뜨게 안 합니다. 적은 것 즉, 소자(小子) 하나에게 한 것이 바로 나에게 한 것이다. 어린 아이 돌보고 가정일 돌봅시다.

영국의 유명한 문호 셰익스피어가 어느 날 레스토랑에 갔대요. 사람들이 셰익스피어가 나타나니까 모자를 벗고 인사를 할 거 아닙니까? 그걸 본 레스토랑 하인이 마당을 쓸고 있다가 한숨을 푹 쉬었어요. 같은 남잔데 저 양반은 저렇게 존경받고, 나는 이렇게 남의 식당 마당이나 쓸어주는 내 팔자야. 아마 그랬겠죠? 그 한숨 쉬는 장면을 셰익스피어가 본 거에요. 보고 가까이 가서 뭐라고 했는가 하면, "그대 형제여. 그대는 식당의 한 부분을 쓰는 것이 아니라 하나님의 동산의 한 부분을 쓰는 것이다. 그대가 하나님의 동산의 한 부분을 쓸지 아니하면 하나님의 동산이 그만큼 더러워질 거다. 네가 하는 일은 하나님의 일이다." 그 말 들으니까 그 하인이 어떨까요? 셰익스피어의 말을 듣고 보니까 가슴이 뻐근했을 겁니다. 그래서 우리가 하는 적은 일이 그냥 집 청소하는 정도가 아니에요. 하나님의 동산의 한 부분을 쓸니다. 예배당에 쓰레기 하나 줍는 거 하나님의 성전을 깨끗하게 하는 겁니다. 우리의 모든 게 하나님과 직결되어서 저와 여러분들이 감사합니다. 예복을 입지 아니할 때 꽁꽁 묶어서 내쫓으라고요. 그냥 내쫓아도 억울한데 꽁꽁 묶어 가지고 수족을 결박하고, 손발을 묶어서 내쫓아버리라. 거기서 이를 갈며 슬피 울 일 있으리라. 이게 악인들이 당할 심판입니다.

우리는 보잘것없어도 주님 앞에 나아갈 수 있습니다. 마태복음 7장 23절에서 말합니다. "그 때에 내가 그들에게 밝히 말하되 내가 너희를 도무지 알지 못하니 불법을 행하는 자들아 내게서 떠나가라". '알지 못 한다'는 '모른다'는 뜻입니다. 우리가 보면 서로 친구 간에도 안면 바꾸는 사람 있죠? 서로 의절하는 친구들이나 가족을 보면 의절한다고 마음 편한 거 아니에요. 잘 아는 사람이 사기치고 하는데 어떻게 합니까? 우리가 그 사람을 위해서 말이 쉬워서 기도를 해주라. 잘 안 돼요. 기도하기 쉽습니까?

우리가 잘 아는 손양원 목사님이 소중한 게 뭡니까? 원수를 양아들로 삼았어요. 저는 손 목사님 가정하고 가까워요. 손 목사님 둘째 딸 동림이 하고 나하고 교회 고등부 동기에요. 막내 동길이, 유복자 동길이 요새 여수에 있어요. 같은 교회에서 주일학교 때 내가 반사였거든요. 우리가 손양원 목사님을 '사랑의 사도'라 부릅니다. 내가 사모님에게 물어봤어요. "사모님, 손 목사님이 처음부터 그렇게 사랑이 많았습니까?" 내가 물었더니 이건 지금 한국교회 비사에요. 사모님이 "야, 손 목사 얼마나 못됐다고." 손 목사님이 못 됐다고 합니다. 다른 사람이 하면 비방인데 사모님 입에서 그래요. 난 재밌잖아요. 뭐라고 할 줄 기대고. "어떻게 못됐는데요?" 손 목사님은 원래 함안 칠원 사람이거든요. 이 사모님은 뚱뚱하고 거구고, 손 목사님은 오척도 안 될거예요. 조그만한 사람이에요. 조그만한 사람이 이 사모님 머리채를 이렇게 감아가지고 끌고 가서 옛날에 소변 모으는 구유 이런 데 옛날 시골에 그거 해놨잖아요? 거기에다가 머리를 처박았대요. 그래서 내가 "뭘 그랬게요?" 한국교회 역사책에 안 나온 이야기요. "야야, 내가 너한테 거짓말할까" 사모님이 당한 사람이니까. "그런데 목사님이 어떻게 그렇게 사랑의 사도로 변했어요?" 물었더니 사모님 대답이 "예수님이 하시는 걸 제까짓 게 어쩔 거야?" 그게 정답입니다. 사모님 말씀이 정답이요. '예수님이 하시는데 제까짓 게 어쩔 거야' 바로 그겁니다.

우리가 갑자기 예수님을 통한 변화가 있어야 그게 이루어지지. 우리가 그걸 모르고 어떤 사람은 손양원 목사님이 저 애양원에 가서 이름을 양원이라 지었다고 합니다. 아니요. 옛날부터 양원이요. 또 나병 환자의 상처를 입으로 빨았다 그러잖아요? 거짓말이죠. 그런 일 없어요. 왜 없는가 하면 손양원 목사가 계셨던 애양원교회의 연합학생회 회장하던 황희철 장로님이 우리 교회에 계셨어요. 임종만 목사님을 강사로 청했어요. 우리 교회 사경회를 했는데 내가 임 목사님 보고 "제발 와서 '문'자 소리 하지 마세요. '문' 무슨 말인지 알죠? 그 소리하면 집회 끝납니다. 하지 마세요." "안 한다. 내 그거 안다." 그러더라고요. 근데 한참 낮 공부 시간에 열을 받아 가지고, "여러분 손양원 목사님이 환자들의 상처를 입으로 빨았습니다." 이랬어요. 분위기가 싹 가라앉아요. 낮 공부를 마치고 났더니 우리 장로님하고 안수 집사님 한 분, 두 사람이 따라와요. 사택으로 와서 앉더니 "목사님 그 이야기를 어디서 들었습니까? 그런 일 없습니다. 내가 연합 학생회 회장이고 손 목사님 장례할 때 만장 깃발 들고 내가 제일 앞장선 사람입니다." 안용준 목사님에게 들었대요. "우리가 입을 열면 한국교회의 역사가 달라집니다. 우리도 손양원 목사 존경합니다. 그러나 그를 위해서 우리 그렇게 깔아뭉개면 안 돼요. 앞으로 조심하세요." 이제 그렇게 됐는데 금년 초에 나온 학술잡지에 고신대 부총장이었던 이상규 교수가 논문에 손양원 목사에 대해서 쓰기를, '환자의 상처를 입으로 빨았다.' 이거는 사실이 아니다. 그 출처에 내 이름이 나와요. 말한 사람. 그리고 황희철 장로님이 나오고 몇 년 몇 월 몇 일, 며칠 두 번 김 박사하고 통화해서 됐다. 그게 이제 한국교회 역사에서 바로잡아진 겁니다.

신격화하다 보면 원래 본질하고 다르게 됩니다. 저는 어릴 때 우리 동네에 교회가 생겼는데 제가 성직자를 보니까 절의 승려들, 성당의 신부들 다 혼자 살잖아요. 목사님이 이사를 왔는데 그때 트럭 타고 왔는데 애가 내리고 또 내리고 6명이 내려요. '저 목사님 죄 많이 지었다. 목사님 아이가 저렇게 많으면 어쩌냐' 목사님 밥도 안 먹는 줄 알았거든요. 내가 목사 되고 나니 배만 고프더라고요. 우리 사람은 별것 없습니다.

그래서 우리가 여기에서 하는 말이 뭔가 하면요. 불신자들은 심판 받습니다. 마태복음 25장 4절에 보면 양과 염소를 구분합니다. 양은 오른편에, 염소는 왼편으로 구분합니다. 그리고 계시록 6장 15절에서 17절을 보면, 악인은 심판의 날에 설 자리가 없습니다.

3. 심판의 결과

여기 아주 그림처럼 생생하고 처절하게 표현하고 있는 이 말씀 속에 그 결과가 나타납니다. "그러므로 악인들은 심판을 견디지 못하며 죄인들이 의인들의 모임에 들지 못하리로다". 이 말씀을 오늘날 우리가 보통 쓰는 언어로 표현해 봅시다. 시편 기자의 말씀은 곧 그 마지막 심판에서 불경건한 자는 도무지 기댈 언덕이 없다는 뜻입니다. 그들은 그 심판을 견디지 못합니다. 그들의 논증이 완전히 무너져 버립니다. 그러니 그들은 유구무언(有口無言)일 수밖에 없습니다. 아무 대답도 하지 못한다는 것입니다.

(1) 그들의 죄목

그러면 그들의 죄목(罪目)은 무엇이겠습니까? 이런 것들이 그들의 죄목입니다. 첫째, 그 사람들은 하나님에 대해 한 번도 진지하게 생각해 본 일이 없었습니다. 마치 하나님이 계시지 않는 것처럼 그렇게 살았습니다. 사람은 하나님이 자신의 기뻐하심을 위하여 지으셨으니, 마땅히 하나님을 영화롭게 하며 영원토록 그를 즐거워해야 마땅합니다. 그런데 그 사람들은 마치 하나님이란 분이 존재하지 않는 것처럼 그런 식으로 살았다는 것입니다. 자기 마음대로 살았습니다. 하나님을 거론하면 그 말에 대해 생각조차 하기를 싫어했습니다. 하나님을 사랑하지 않았습니다. 사람은 마땅히 그 존재 전체로 하나님을 사랑해야 하는데도, 그들은 하나님을 미워했고, 하나님이 자기들을 대적한다고 느꼈고, 그리하여 하나님의 이름을 망령되이 일컬은 것입니다. 이것이 한 가지 죄목입니다.

(2) 그들의 삶

둘째, 그 사람들은 하나님의 존귀와 영광을 위하여 살지를 않았습니다. 하나님의 율법과 하나님의 계명들을 지키지 않았습니다. 여호와의 율법을 즐거워하여 그 율법을 주야로 묵상하기는커녕 그것을 혐오했습니다. 그것을 저주했습니다. 그것에 침 뱉고 조롱했습니다. 그들은 이렇게 말했습니다. '율법은 우리 기분을 상하게 만들뿐 아무런 도움이 안 돼. 나 자신을 그대로 표현하는 것이 중요하지 않나! 나 자신을 억누르다니 말이나 되는가? 나 하고픈 대로 할 거야. 원하는 것이 있으면 곧바로 하면 되지 않나!' 이들은 하나님의 음성을 일축해 버립니다. 거룩한 것과 아름다운 것들을 짓밟아 버리고 거기서 스스로 영광을 찾습니다. 스스로 짐승처럼 되어 버렸고, 또한 그것을 자랑으로 삼았습니다. '바로 그게 사람이야! 저 맥 빠진 가엾은 크리스천들처럼 사는 게 어디 사람 사는 것인가?'라고 합니다. 그들의 삶은 이런 식이었습니다.

그런데 그들도 똑같은 방식으로 심판을 받습니다. 자기 자신에 대한 생각에 대해서도, 인간에 대한 생각이나 영혼에 대한 생각에 대해서도 다 낱낱이 심문을 받습니다. 그들은 인간이란 그저 생각하는 동물 이상 아무 것도 아니라고 생각하며 이 세상을 살았습니다. 인간이 특별히 창조함을 받았다거나 하나님의 형상으로 지으심을 받은 존재라는 것은 믿지도 않았습니다. '사람은 동물이 진화한 것 뿐이다'라고 믿었습니다. 그리하여 그들은 자기 자신의 본질을 욕했고 또한 그들을 지으신 하나님을 욕되게 했습니다. 그리하여 그런 식의 삶을, 곧 겨의 삶을 살았던 것입니다.

그러니 심판 때에 인자(人子)를, 곧 사람이 되사 진정한 사람 됨이 어떤 것이며 또 어떠해야 하는지를 우리에게 친히 보여주신 그 하나님의 아들을 뵈올 때에, 도무지 말을 잊어버리고 맙니다. 그때에 그들이 살아온 삶의 질(質)과 가치에 대해서 심사를 받게 됩니다. 그리고 그것이 완전히 전혀 쓸모가 없다는 것을 알게 됩니다. 대차대조표가 완전히 형편없이 되어 버립니다. 그들이 그렇게 자신을 쏟아 부어 추구했던 것들이, 삶의 목표로 삼아온 것들이, 삶의 기쁨으로 여겨온 것들이, 삶 가운데서 마음껏 누려온 것들이, 과연 마지막에 어떤 결과로 나타납니까? 마지막 결과가 과연 어떠합니까? 도대체 그것들이 결국 무슨 가치가 있습니까? 겨 이외에 아무 것도 아닙니다. 쓸데없는 겨 말입니다!

(3) 그들의 끝

마지막으로 이 불경건한 가련한 사람들을 무너뜨리고, 그 심판의 자리에서 마치 겨와 같이 서 있도록 만들어주는 것은 바로 하나님의 아들이 친히 그들을 대면하신다는 사실입니다. 그때에 그들은 그를 향하여 이렇게 말합니다. '기준이 너무 높습니다. 과연 그렇게 살 수 있는 사람이 어디 있겠습니까? 마음을 다하고 목숨을 다하고 뜻을 다하고 힘을 다하여 하나님을 사랑하며, 자기 이웃을 자기 몸과 같이 사랑할 수 있는 사람이 과연 어디 있겠습니까? 오직 하나님의 영광과 찬양을 위해서만 살 수 있는 사람이 어디 있겠습니까? 산상수훈을 과연 누가 지킬 수 있겠습니까? 십계명을 따라 살 수 있는 사람이 과연 어디 있겠습니까? 그것은 불가능한 것을 요구하는 것입니다. 공정하지 못하고 말구요.' 그러나 그들을 향하여 다음과 같은 답변이 되돌아옵니다. 나를 보라. 내가 하늘로부터 너희 세상으로 임한 것은 너희 같은 사람들을 구원하기 위함이었노라. 내가 온 것은 "의인을 부르러 온 것이 아니요 죄인을 불러 회개시키러왔노라"(눅 5:32). "건강한 자에게는 의사가 쓸 데 없고 병든 자에게라야 쓸 데 있나니"라고 내가 가르치지 아니하였더냐?(눅 5:31) "인자가 온 것은 잃어버린 자를 찾아 구원하려 함이니라"(눅 19:10).

그러니 들어라! 세리와 죄인들이 내 말을 듣고 나를 좇았느니라. 죄악의 밑바닥에까지 깊이 빠졌던 사람들이, 내 말을 듣고 내게로 와서 믿었느니라.

자, 여기 심판대 앞에 그들이 서 있느니라. 그러니 변명할 것이 아무 것도 없느니라.

마지막 정죄는 바로 그리스도 예수 안에서 값없이 구원을 베푸시는 하나님의 손길을 그들이 일축해 버렸고, 거부했고 경멸했다는 사실에 있습니다. "그러므로 악인이 심판을 견디지 못하며…"라고 합니다. 그들이 완전히 무너져 버린다는 것입니다. 그런데 안타깝게도 거기서 그치지 않습니다. "악인의 길은 망하리로다"라고 합니다. 한 마디 해명도 하지 못하고, 한 마디 탄원도 하지 못하고 그들은 "바깥 어두운 데"로 내어쫓기게 됩니다. 우리 주님이 친히 그렇게 말씀하셨습니다(마 8:12). "구더기도 죽지 않고 불도 꺼지지 아니하는"(막 9:48) 곳으로 말입니다. "악인의 길은 망하리로다" "이런 자들은 주의 얼굴과 그의 힘의 영광을 떠나 영원한 멸망의 형벌을 받으리로다"(살후 1:9). 불경한 자들, 죄인들, 오만한 자들, 곧 하나님은 물론 그의 거룩한 율법과 그의 아들까지 거부하는 겨와 같은 자들의 삶의 마지막이 결국 이렇게 되는 것입니다.

II. 의인의 모임에 들지 못하는 삶

두 번째, 악인이 어떻게 됩니까? 5절에 "의인들의 모임에 들지 못하리"라고 했습니다. 그리고 개역개정 성경에도 분명히 표현했습니다. 모임에 들지 못합니다. 죄인들은 하나님의 심판대 앞에 두려워서 서지 못할 뿐만 아니라 의인들의 모임에 들지 못합니다. 여기 의인들의 모임이 뭡니까?

1. 하나님의 공회

첫째, 하나님의 공회입니다. 하나님의 공회가 뭔가 하면 우리와 같은 예배를 말합니다.

(1) 지정받아 모인 회중

지정 받아 모인 회중을 말합니다. 부르심을 받은 사람들의 모임을 말합니다. 이것이 바로 요새 말로 하면 교회입니다. 아무리 똑똑한 사람도 교회 데려오면 쭈뼛쭈뼛하죠? 맥을 못 춰요. 그래서 내가 신문에 썼습니다. '한국 정치인의 종교가 뭔 줄 아냐?' '기불가교'다. 기독교, 불교, 가톨릭 짬뽕이다. 왜? 옛날에 어떤 이가 대통령 후보 됐을 때 아침에 조계종 갔다가 낮에 명동성당 갔다가 저녁에 영락교회 갔습니다. 하루에 세 바퀴 다 돌았어요. 그걸 보고 내가 '기불가교다'라고 했습니다. 하나님을 섬기는 게 아니고 자기 표를 섬겨요. 자기 표를요. 표를 섬기는 그와 같은 일들이 있는데 우리 여기 20명 남짓한 우리 '사랑이 흐르는 교회' 회중이요. 악인들이 끼지 못해요. 우리끼리 모이면 우리 식의 공식 있잖아요. 기도하고 묵상하고 그랜드 피아노는 없어도 조그만한 키보드 소리 잘 나잖아요. 그랜드 피아노만 좋은 게 아니요. 보면 어떤 교회 가보면 반주자 구한다고 쩔쩔 매는 교회가 있어요.

미국 산호세 순복음교회에 김충남 목사님이라고 제 친구가 있습니다. 우리 합동 측에 있다가 순복음으로 간 목사님인데 그 사모님이 마춰사입니다. 마춰사인데 내가 그 교회에 집회를 인도하러 갔더니 사모님이 도레미파솔라시도 피아노 연습을 하고 있더라고요. "아니, 그거 뭐 하러 연습해요?" 그랬더니 대답이 반주자 데려다 놓으면 조금 할 만하면 가버리고, 할 만하면 가버리니 힘들어 죽겠대요. 그래서 자기가 배워서 한대요. 내가 속으로 이제 도레미파 치는 사람이 언제 배워서 반주하겠나 싶어서 그렇다고 반주 못 한다 할 수는 없고 "잘 해보세요." 입으로는 잘 해보라, 속으로는 '아이고, 당신이 뭘. 사모 노릇이나 잘하지'라고 했습니다. 꼭 10년 만에 그 교회 집회를 또 갔어요. 사모님께서 반주를 합니다. 예배 시간에 반주를 해요. 아이고, 내가 10년 전에 착각을 했습니다. 얼마나 힘들게 배웠겠어요? 그러니까 내가 "아이고, 사모님 반주 듣고 놀랬습니다." "반주자 데려다 놓으면 금방 가지만, 나는 죽을 때까지는 안 갈 거 아니에요"합니다. 거기서 반주하고 있어요. 그쪽 교단은 은퇴가 없으니깐 김충남 목사가 84살인데 아직도 교회 목회하고 있어요.

이거 보면 오늘날 우리에게 의인의 회중. 지정 받아 모인 회중이 얼마나 감사합니까? 주께서 날마다 불어나게 해 주시기를 원합니다. 한 번에 갑자기 구름 떼 같이 모여들면 안 됩니다. 구름 떼 같이 모여들면 소나기만 오고 소나기 지나가면 쨍쨍하니까. 시루떡 축복, 한 말 깔고, 다지고 또 한 말 깔고 다지고. 그래서 우리 교회에 하나님이 성도를 모으시되 시루떡 축복 같은 성도주시길 원합니다. 조금씩 조금씩 이렇게 되어야 됩니다. 교인들 대표 기도하라고 하면 겁나게 해요. '구름 떼 같이 모여서' 아니 제발 좀 겁나게 하지 말라고 합니다. 구름 떼 모여들면 좋은 게 아닌 태풍하고 비 오는 것밖에 없어요. 그러니까 시루떡 축복. 야베스의 기도가 그겁니다. '복의 복을 더하사' 그게 시루떡 축복입니다.

(2) 중생한 성도들의 모임

두 번째, 그 사람들은 성령의 역사로 말미암아 새 사람 된 사람들입니다. 다시 말하면 중생한 성도들의 모임이 여기 회중입니다. 우리 교회 왔다고 다 중생한 사람이 아니잖아요. 전체 회중이 있고 그 가운데 중생한 사람들이 있습니다. 내가 중생한지 안 한지 모르잖아요. 미국의 밥 존스 대학 같은 데 가보면 첫 인사가 '하이, 굿모닝'이 아니에요. "너 중생 했냐" 물어요. "했다." 그러면 "언제 했냐?" 몇 월 몇 일 날, 날짜 못 대면 그거 가짜라 그럽니다. 극동방송의 김장환 목사님이 그 학교 졸업했어요.

우리가 보면 교회 안에 전체 회중이 있고, 그 안에 중생한 자들의 모임이 있습니다. 이걸 무슨 중직자라고 부르는 교회도 있어요. 직분이 문제가 아니고, 하나님 앞에 교회 중직자가 있고 그러면 아닌 사람은 경직자입니까? 가벼운 경자로? 왜 그런 말을 만드는지 몰라요. 중직자 모임을 가진다? 교회가 계급이 아니에요. 목사, 장로, 권사 이게 계급이 아닙니다. 하나님께서 우리에게 맡겨 주신 직분에 불과합니다. 큰 직분, 작은 직분 없어요. 받은 바 직분에 충성하는 겁니다. 교회에서 중직자 회의 그런 소리 많이 하죠? 저는 그거 틀렸다고 하는 사람입니다. 왜 교회를 계급으로 하느냐? 중직자가 있으면 경직자도 있어야 되는 건데 아기는 아기의 사명이 있고, 중학생은 중학생의 사명이 있고, 아무리 어른이고 돈 많아도 할 줄 모르면, 교회 안에 훈련이 잘못되면 직분이 중요한 게 아닙니다.

제가 실제로 들은 이야기인데 어느 가정에 심방을 갔어요. 권사님들하고 같이 심방 갔다 나오니까 권사님들이 물어요. "목사님, 이 집에 왜 오늘 심방 온 줄 아세요?" 내가 온 지 몇 달 밖에 안 됐거든요. "몰라요." 그랬더니 "죽은 양반이 집사인데 남자 집사인데 내 앞에 계셨던 목사님이 제직회를 하면서 예배당 건축중"이라고 이렇게 조그만한 방에서 제직회를 모았답니다. '다 같이 기도합시다'. 그러니까 장로님들이나 집사님들은 목사님이 기도하는 줄 알고 머리를 숙이고 한참 있으니까 "윤 아무개 집사님이 기도 인도하시겠습니다." 그러더래요. 찬송 부르기 전에 미리 예고를 해줘야 준비하고 기도를 하지요. 그래서 그 분이 대표 기도를 한 번도 해본 일이 없거든요. 아무 말도 안 하더래요. 가만히 한참 있다가 장로님들이 눈을 뜨고 보니까 양손을 깍지를 이렇게 끼고 있다가 쇼크 받아서 옆으로 푹 쓰러져 버리더래요. 기도하라 한다고 쇼크 받았어요. 그래서 들쳐 업고 그 옆에 있는 적십자 병원으로 갔으나 죽었습니다. 아이고, 죽은 사람도 어지간하지요? 기도하라 한다고 어떻게 쇼크 받아서 죽습니까.

교회에서 기도 훈련시켜야 됩니다. 훈련이 어떻게 됩니까? 그냥은 안 나옵니다. 집에서 문장을 써요. 문장을 써서 외워서 하세요. 읽는 경우도 있겠지만 어쨌든 기도도 훈련입니다. 목사가 설교 준비하듯이 기도 담당자도 기도를 준비해야 됩니다.

그리고 제발 부탁합니다. 어떤 사람들 기도하라 하면 성경 몇 절 읽고 기도하는 사람 있잖아요? 그런 사람 봤죠? 그렇게 하지 마세요. 하나님께 기도하라는 겁니다. 하나님께 성경 읽어요. "야, 그거 내가 썼다. 너는 네 말만 해. 내가 한 말이다. 너는 너 말만 해라". 하나님께서 그러실겁니다. 그런 사람 왜 그래요? 기도와 설교를 착각을 해요. 자기가 뭐 설교합니까? 하나님 앞에 기도하지요. 기도는 사람 보고 하는 게 아니에요. 하나님 앞에 기도하는 거 잖아요?

그래서 우리가 교회 안에서 헌신한 자들 중생한 자들을 교육시키고 훈련시켜야 됩니다. 기도 훈련시켜야 돼요. 그래야 안 죽지요. 우리 교회 성도 몇 안 되는데 기도하다가 죽었다고 하면 사람들이 안 올 겁니다. 저 교회는 가면 죽는다. 그러니까 우리가 보면 기도를 아무것도 아닌 걸로 생각하는데 우리가 훈련시킵니다. 교회 안에서 훈련, 중직자가 어떻고, 아이고 중직자 그런 거 없어요. 직분에는 높고 낮은 게 없어요. 가볍고 무거운 게 없어요. 받은 바 달란트대로 하세요. 권찰이면 권찰대로, 집사면 집사대로, 그냥 성도면 성도대로 하는 거지요. 이런 것에 계급의식에 빠져 가지고 목사님은 높고, 부목사님은 그 밑이고, 전도사는 저 밑에 사병이고, 상사, 장교 그게 아닙니다.

그래서 이런 하나님의 공회가 있습니다. 선민의 멤버요. 그래서 하나님의 백성들이 광야교회를 다니다가 하나님께서 광야교회를 인도하실 때 뭐로 인도합니까? 불기둥과 구름기둥입니다. 그걸 우리가 광야교회라고 합니다. 광야 들판에 하나님을 주인으로 한 교회잖아요. 간단해요. 가면 가고 서면 따라서 서면 돼요. 그것보다 내가 먼저 나가다 죽어요. 그래서 우리 교회도 그렇게 되기 바랍니다. 불기둥과 구름기둥의 인도를 받기를 원합니다. 따라갑시다. 불기둥이 서면 우리도 서서 기다리면 됩니다. 하나님이 때가 되어 움직이면 따라 움직이는 겁니다.

그리고 일부 어떤 목사님들이 무슨 야망에 찼다 할까 열망에 찼다 할까, 서울에 그런 목사 한 분이 있었어요. 교회 부임할 때 900 몇 명인가 됐는데 주보의 통계가 그렇게 나왔습니다. 왜 그리 방정맞게 '3년 안에 1500명이 안 되면 내가 이 교회를 떠난다.' 했대요. 그냥 한 번 폼 잡는다고 부임하자마자 했겠지요. 3년이 되는 주일날, 장로 2명이 찾아왔어요. 지난 주일 주보하고 3년 전 주보를 들고 와서 "목사님, 3년이 됐는데 지난 주일에 몇 명 나왔습니까?" 900 몇 십 명이 줄어들어 700 몇 십 명이 됐어요. 목사가 할 말 없잖아요. 그러면 강단 위에서 약속하신 약속대로 하셔야죠. 약속이 뭐에요? 떠나는 거 아니에요 그러니까 갔어요. 떠났어요. 이렇게 입이 방정맞은 사람 많아요.

2. 신약교회 운동

그 다음 두 번째는 신약교회 운동입니다. 신약교회는 연약한 교회입니다. 하나님이 제자들을 통하여서 이 회중을 확장시킵니다. 사도행전에 보면 뭡니까? 이 사도들이 7명의 집사를 뽑아요. 그 사람들이 구제하고 봉사하는 일을 하고 사도들은 뭡니까? 기도와 전도하는 '말씀을 가르치고 선포하는 일에 전무하리라' 했습니다. 전무가 전적으로 매달리리라는 뜻입니다.

이 말에 직분의 한계가 나옵니다. 집사들은 섬기고 봉사하는 일을 하고, 목사는 '전도하고 가르치는 일과 말씀을 선포하는 일에 전적으로 매달리리라' 했습니다. 이게 성경의 원리요. 이게 신약교회입니다.

그런데 이 신약교회에도 제외된 사람들이 있죠? 누구요? 사도행전 5장 9절에 보면 아나니아와 삽비라 부부, 사도행전 8장 17절에서 20절에 돈을 드려 성령의 은사를 살려고 한 사마리아인 시몬, 디모데후서 4장 10절, 세상을 사랑하여 의인의 모임에 들지 못한 데마 등등이 신약교회에 나타납니다. 바꿔 말하면 하나님의 교회를 위하여 헌신하는 사람들이 있는데 여기에도 잡티가 있다는 말입니다. 그래서 지상 교회가 완벽한 거 아닙니다. 사람 보면 집사가 될 수 있냐, 장로가 될 수 있느냐, 목사가 저러냐고 생각이 듭니다. 마음의 상처를 받아요. 우리의 눈을 좀 더 한 단계 높이 둡시다. 하나님은 어제나 오늘이나 영원히 변치 아니합니다. 그걸 믿을 때 위로 받죠.

제가 신문사 편집국장하고 주필을 했으니까 좋은 것만 볼까요? 나쁜 것만 볼까요? 신문사 편집국 주변은 나쁜 것만 보여요. 좋은 건 눈에 안 보여요. 딱 보면 나쁜 것만 보이거든요. 우리 신문사의 특징 가운데 하나입니다. 수금 담당하는 업무 사원들은 목사가 많이 되어요. 왜? 수금하러 교회 다녀 보면 다 잘 사니까 그거 괜찮다. 그렇게 생각하는가 봐요. 편집국에 있는 기자 가운데는 목사 된 사람은 거의 없어요. 왜냐? 매일 나쁜 소리만 들으니까 좋은 말은 안 듣고 나쁜 말을 들으니까 목사에 대한 신뢰도가 빠져요. 그럼 제가 젊은 기자들이 들어오면 "너희들의 믿음의 점수가 지금보다 까먹지만 말아라. 지금 있는 것만 유지하면 성공이다." 그렇게 제가 이야기를 했습니다.

신약교회가 뭡니까? 하나님이 이끌어줍니다. 근데 여기에 잡티가 있어요. 잡티를 보지 말고 보석을 봅시다. 보석에도 잡티 있죠. 비단에도 잡티 있습니다. 잡티 하나보고 비단 버리면 자기만 손해잖아요. 잡티 드러내고 비단을 사용하면 되는 거 아닙니까? 이것이 신약교육운동입니다.

3. 신령한 하나님 나라 운동

세 번째는 신령한 하나님 나라 운동입니다. 우리가 중요한 게 뭔가 하면 거룩한 성에 참여하는 자들, 각 나라, 각 족속 이루 셀

수 없는 그 무리가 흰 옷을 입고 하나님 나라 거룩한 곳에 14만 4천 명이 입국합니다. 그래서 인도함을 받은 그 어린 양의 백성들, 그게 천국 백성입니다. 우리 하나님을 섬기는 자의 마지막 날입니다. 천국 가서 다시 만납니다. 나이지리아 기독교대학의 총장인 모세 목사가 말한 것처럼 "형님, 저 나라 가서 만납시다." 이것이 우리 성도의 소망입니다. 그래서 저와 여러분들이 사역을 하여야 합니다. 우리의 사역의 기본 목표가 뭡니까? 하나님 나라 운동이요. 제가 금년 3월에 《하나님의 나라 운동》이라는 460페이지짜리 책을 썼어요. 우리의 꿈이 하나님 나라 운동입니다. 그래서 제가 하는 캠페인은 궁극적으로 하나님 나라 운동입니다. 나를 소개하는 글에 보면 출판사에서 '그는 다양한 영역에서 하나님 나라 운동을 전개하고 있다. 신학자, 전도자, 저술가, 언론인, 시인 그리고 문명 비평가로서 끝없는 사역을 하고 있다.'라고 했습니다. 여기에 키포인트가 하나님 나라 운동입니다. 제가 강조하는 것입니다. 하나님 나라 운동은 이 땅의 운동이 아니고 우리가 이 땅에 있으면서 교회 키우고 뭐 하고 하는 게 아니고, 우리의 강조점은 하나님의 나라가 확장되는 운동입니다.

결론

이제 결론입니다. 죄인이 의인의 모임에 들지 못합니다. 우리는 하늘 백성이니까 얼마나 감사해요. 아까 제가 말했죠. 제일 1번 기적이 뭐요? 내가 예수 믿은 것입니다. 날 예수 믿게 한 것이 기적 가운데 첫 번째입니다. 아마 여러분, 하나님이 예수 안 믿게 했으면 뭐가 됐을까요?

김남식 작사 찬송을 100곡 써 놨어요. 100곡을 작곡가들이 작곡합니다. 그저 모으면 책 하나 내 노래만 가지고 내 가사만 가지고 찬송가를 하나 만들어요. 아마 우리나라에 작곡을 100곡한 사람은 있는데 작사를 100곡 한 사람이 아무도 없어요. 우리 작은 딸이 보더니 "참 가지가지 한다." 자기 혼자 중얼거리는데 욕하는 게 아니라 우리 아버지 가지가지 한다. 그러니까 "오늘 내가 며칠이냐? 내가 태어난 지 2만 몇 천 몇 백 몇 십일이다." "아이고, 할 일도 없다." 그 날짜 전부 계산한다고요. 왜? 하루가 소중하기 때문입니다.

악인의 가볍고 쓸모없다는 사실이 여기에서 더 상세하게 나타납니다. "악인은 심판을 견디지(qumu be) 못 한다"는 표현은 번역하기 어렵습니다. 대부분의 역본은 "악인이 심판에 서지(stand in the judgment) 못 한다"고 번역하고 있습니다. 여기서 심판은 하나님의 심판인가, 혹은 인간의 심판인가? 만약 하나님의 심판이라면 그것은 최종적인 심판인가(둠, 킷텔), 혹은 현세적인 심판인가(궁켈), 혹은 둘 다인가? 여기에서 "심판"을 하나님의 심판으로 본다면 하나님께서 의인과 악인을 현세이든 내세이든 가르실 때, 악인이 하나님의 심판을 견디지 못한다고 볼 수 있습니다(시 76:7; 130:3; 말 3:2; 마 13:24-30; 47-50; 25:31-46).

그러나 상반절과 하반절이 같은 사상을 표현하는 것으로 본다면 "악인이 심판에 서지 못하는 것과, 죄인이 의인의 회중에 들지 못하는 것"은 유사한 개념을 갖습니다. 즉 하나님의 토라에 의해 정죄된 자는 "심판하는 자리"에 설 수 없습니다. "어디에 선다"(qumu be)는 표현은 같은 맥락을 가진 시편 24:3에도 나타납니다. 쾰러(Koehler)는 여기의 심판을 협소한 의미에서 "법정"(legal assembly)으로 보았습니다. 달리 말하자면 "악인은 재판에 서지 못합니다. 즉 재판정에서 악인은 어떤 자리도 차지할 수 없습니다(Craigie). 또한 이 절에서 의인의 회중과 악인의 길이 대조되므로 여기에서는 예배 공동체도 포함합니다. 즉 재판과 예배 공동체 속에 악인은 들어올 수 없습니다. 악인은 인간 사회의 중요한 영역에서 아무런 비중도 없고 영향도 없습니다. 의인은 공의를 세우고 사회와 조직을 다스리지만, 악인은 설 장소가 없다는 뜻입니다.

기도드립니다. 하나님 아버지, 우리가 이 땅에서 성도로 구별된 삶을 살게 하시고 하나님의 영광만 드러내게 하옵소서. 예수님의 이름으로 기도드립니다. 아멘.

제6강

인정의 삶

제6강
인정의 삶

시편 1편 6절
무릇 의인들의 길은 여호와께서 인정하시나 악인들의 길은 망하리로다

6절을 같이 읽읍시다. "무릇 의인들의 길은 여호와께서 인정하시나 악인들의 길은 망하리로다". 이것이 인정의 삶입니다. 우리가 이 땅에서 제일 신나는 게 무엇입니까? 인정을 받는 겁니다. '잘했다'라고 이렇게 인정받는 게 필요합니다. 6절은 시편 1편의 결론입니다. 의인의 삶과 악인의 삶이 어떻게 마지막에 인정을 받느냐가 문제입니다. 하나님 앞에서 정반대입니다. '의인은 인정하시나 악인은 망하리로다'고 했습니다. 망합니다. 그런 기억이 있습니까? 저는 어릴 때 이런 경험이 있습니다. 선생님들이 심부름 시키면 얼마나 신나요? 선생님이 심부름 시키면 인정받는 기분입니다. 그래서 심부름 시켜달려고 교무실 앞에

왔다 갔다 했어요. 요새 애들은 약아서 안 합니다. 우리가 이 땅에 살아갈 때 인정받는 게 중요합니다. '너는 내 것이다'. '너는 나의 백성이라'. '내가 인치고 지키는 나의 백성이다'라고 저와 여러분이 인정을 받는 우리가 되어지기를 원합니다.

I. 인정의 삶

이것을 몇 가지로 설명합니다. 첫째, 인정의 삶입니다. 우리의 삶에서 인정받는 것이 중요한데 그 중에 가장 중요한 것이 있습니다.

1. 하나님의 인정

첫 번째, 하나님의 인정입니다. 하나님께서 '내가 너를 불렀나니 너는 내 것이라'. 하나님이 내 것이다 라고 했습니다. 그 이상 좋은 게 뭐 있어요? '너는 내 것이다'. 이것이 우리의 삶의 실상입니다.

그래서 인정받는 사람들이 성경에 나옵니다. 대표적인 게 누구에요? 히브리서 11장에 나옵니다. 히브리서 11장을 "믿음장."이라고 부릅니다. 믿음으로 말미암아 믿음에 이르고 있습니다. 그래서 아브라함은 믿음으로, 모세는 믿음으로, 누구는 또 누구는 믿음으로, 믿음으로 그렇게 하였습니다. 그래서 히브리서 11장을 '믿음장'이라고 합니다. 다르게 말하면 믿음에서 믿음으로 이르는 것입니다. 인정받았어요. 하나님이 잘했다 그럽니다. 믿음으로 노아는 방주를 지었습니다. 그 당시 사람들이 노아를 뭐로 봤을까요? 정신병자로 봤을 거예요. 대낮에 산에서 배를 만드는데 배에다 뚜껑을 씌웠어요. 미쳐도 단단히 미친 거 아니에요? 뚜껑 있는 배가 어디 있어요? '저 영감 미쳤다. 이상하게 미쳤다.' 그랬을 거예요. 그러나 결국 그 사람들은 다 죽었잖아요. 하나님의 인정받는 게 얼마나 중요한지 모르는 것이죠. '너는 내 것이다'. 우리 감사합시다. 저와 여러분이 별것 아닌데 부족하고 흠도 많은데 하나님이 "이 아무개야, 박 아무개야, 김 아무개야, 너는 내 아들이다. 내 딸이다. 너는 내 것이다."하십니다. '우리는 주의 양, 우리는 나의 백성이고, 우리는 주님의 기르시는 양이라'고백합니다. 히브리서 11장의 믿음의 백성들이 어떻게 살았습니까? 이걸 몇 가지로 규정할 수 있습니다.

(1) 믿음으로 살았다

첫 번째, 믿음으로 살았습니다. 믿음이 뭡니까? 히브리서 11장

1절에서 '믿음은 바라는 것들의 실상이요 보지 못하는 것들의 증거다'라고 했습니다. 히브리서 11장 3절은 믿음의 눈으로 세상을 봅니다. 히브리서 11장 6절은 믿음의 본질입니다. 이 세상을 믿음의 눈으로 봅니다. 세상을 보는 것은 월드뷰(worldview) 즉 세계관인데, 세계관에 따라 다릅니다. 빨간 안경 쓰면 다 빨갛고, 까만 안경 쓰면 세상이 다 까맣게 보입니다. 믿음의 안경을 쓰면 세상이 다 믿음으로 보입니다. 믿음으로 보여요. 우리가 불평, 불만의 안경을 쓰면 마음에 드는 사람 하나도 없어요. 요새 살다 보면 미운 사람 있죠? 없어요? 있어요. 이유도 없이 미워하며 살다보면, 또 그래 놓고도 또 그거 갖다 붙입니다. '내가 너 미워하지 않는 것, 너 때문에 미워 안 하는 게 아니고 나 때문에 미워 안 한다'. 왜? 내가 살아야 되니까. 우리 제자들이 날 보고 하는 인사가 있습니다. "교수님, 건강하게 오래 사셔야 됩니다." 왜? "교수님 때문이 아니고 우리 때문에 오래 사셔야 합니다." "너희들 때문에 내가 왜 오래 살아?" "급하면 의논할 데라도 있잖아요".

(2) 역경 가운데 하나님을 바라봅니다

일본 고베 옆의 니시노미야(西宮)이라는 곳에 니시노미야 아가페 교회 설립 기념 사경회를 해 달라 해서 갔어요. 가보니까 일본 고등학생들 10여명 모아 놓고 있습니다. 기가 찹니다. 집회는 하긴 했습니다만 저들 가지고 어쩌려고 저럴까 싶어서 걱정이 되었습니다. 원래 일본 교회는 조그마합니다만 그래도 기가 차요. 그 집회 인도하고 내 속에 있는 말은 못하지요. 오래 그리 생각하다가 10주년 집회를 해 달래요. 10년 후에 그 교회 다시 갔어요. 희한합니다. 그 고등학생들이 어른이 다 되어서는 결혼해서 애를 안고 강사 접대한대요. 그때 얼마나 감사한지. 그때 고등학생을 보며 내가 '내 믿음이 없구나. 내가 멀리 보지 못하고, 하나님의 섭리를 못 보고 내 인간 계산만 했었다.' 쟤들 붙잡고 뭐 하겠나 생각했는데 10년 만에 예배당 새로 하나 사고, 그 애들이 자라서 다 교회 집사가 되고, 교회 봉사하고, 강사 접대한다고 식당에 모시고 가서 접대를 합니다. 그런데 내가 설립 예배를 몇 군데를 다녔어요. 미국 교회와 일본 교회 가서 설립 사경회를 했기 때문에 한국 교회도 잘될 거요. 그래서 우리가 보면, 역경 가운데도 히브리서 11장에서처럼 그들이 하나님만 바라봤습니다. '믿음의 주요. 온전케 하는 예수를 바라보자'라고 했습니다. 역경 가운데 아브라함이 그랬고, 욥이 그랬고, 많은 믿음의 성현들이 역경 가운데 하나님을 바라봤습니다. 저와 여러분도 역경 가운데 하나님을 바라볼 수 있기를 바랍니다.

(3) 상 주심을 바라봄

그 다음 세 번째, 이들은 하나님의 상 주심을 바라봤습니다. 이 땅의 영화를 누리지 아니하고 하나님의 상 주심을 바라봅니다. 하나님 앞에 서는 날, 우리가 얼마나 많은 상을 받을까요? 하나님은 다 카운트 해놓고 계십니다. 우리는 잊어버려도 하나님은 안 잊어버려요. '소자 하나에게 한 것도 기억하리라' 그랬잖아요? 어린 아이 하나에게 한 것도 기억하시는 하나님. 우리가 그 하나님을 믿습니다. 하나님 나라가 하늘의 상 주심을 바라게 합니다. 뭐 어떤 사람은 하늘에 가니 무슨 면류관을 쓰고 부끄러워 한답니다. 아닙니다. 내가 볼 때는 하나님 앞에 상 받는 게 많이 잘 받았다고 폼 잡는 거 아닐 것입니다. 더 받을수록 낮아질 겁니다. 더 많이 받을수록 섬길 거예요. 곡식도 익을수록 고개를 숙이죠? 그것을 보면 그만큼 속이 차니까 고개를 숙입니다.

그러나 하늘의 상 주심 바라보면 얼마나 감사합니까? 우리가 주님 앞에 서는 날, 어깨 두드리며, '아이고, 니 꼴에 이렇게라도 한다고 애썼다.' 우리 주님 그러실 거예요. "아이고, 너 같이 시건방진 게, 너 같이 교만한 게 그래도 고개 숙여 가면서 한다고 애썼다." 내가 그래서 말합니다. "한 교회에 10년 이상 계셨던 목사님에게 신학생들이 무조건 절하고, 20년 이상 된 목사님들에게는 무조건 큰절해라."고 합니다.

2. 사람의 인정

그 다음에는 사람의 인정이 나옵니다. 많은 사람들이 이런 말을 해요. '나는 사람의 인정 같은 거 생각 안 한다'. 거짓말이에요. 사람이 인정을 어떻게 안 받습니까? 디모데후서 2장 15절, 바울이 믿음의 아들 디모데에게 권면합니다. '네가 진리의 말씀을 옳게 분별하며 부끄러울 것이 없는 일꾼으로 인정된 자로 하나님 앞에 드리기를 힘써라' 했습니다. 말씀을 분별하고 인정받고 드리기를 힘쓰라는 현재 진행형입니다. 계속해서 하나님 앞에 드리라는 말입니다. 사람의 인정은 사실과 다를 수 있어요. 내 관점에서 인정할 수 있어요. 내 편은 좋게 보이고 내 편 아닌 것은 좀 따돌리는 그런 게 저에게도 있고 우리 다 있어요. 때려도 살살 때릴 수가 있고, 자식들 키워봐도 정이 더 가는 애가 있고 덜 가는 애가 있죠? 나는 믿음이 좋아서 똑같이 한다. 믿음이 자기 혼자 좋겠지만은 사람의 이런 기호가 다 달라요.

(1) 진리의 말씀을 바르게 분별

우리에게 이런 요소가 필요한데 사람이 인정받기 위해서는 첫째, 진리의 말씀을 바로 분별해야 됩니다. 진리를 분별하는 것은 기준이 '캐논'(canon), 정경(正經)이라고 합니다. 캐논의 말 뜻은 '자'입니다. 자를 가지고 재봅니다. 남느냐 모자라느냐. 자가 뭡니까? '말씀의 자를 가지고 재본다.'는 말입니다. 그걸 정경, 캐논이라고 합니다. 내 마음에 들기 좋으면 좋고, 내 마음에 기분 나쁘면 그거 틀렸다. 흔히 그러잖아요? 아니요. 말씀의 자로 잽시다. 그래서 말씀으로 분별하라고 하니 말씀을 알아야 분별하죠. 그래서 제가 어제 여러분에게 제시한 게 '매3주5 운동'입니다. 매일 성경 3장 읽고, 주일날 5장 읽으면 1년에 일독해요. 1년에 1독은 해야지요. 저는 신학생들에게 "신/구약 30독 안 하면 목사 되지 마라. 30독도 안 하고 어떻게 목사 되냐?" 그걸 어떻게 하냐고 하는데 말씀을 일상의 영적 양식으로 삼아 하면 됩니다.

(2) 헌신의 역사

드리기를 힘쓰라는 현재 진행형이라고 했습니다. 하나님의 헌신은 한 번 하고 끝나는 것이 아니고 계속하여 현재 진행형으로 가야 됩니다. 힘써라. 노력합시다. 그래서 지금은 보잘것없어도 하나님 앞에 힘쓰는 그와 같은 역사가 필요합니다.

믿음의 사람들은 하나님 앞에 헌신의 삶을 살았습니다. 많은 순교자와 헌신자들이 그렇게 살았습니다. 우리도 헌신의 삶을 삽니다.

II. 멸망의 삶

그 다음 두 번째 멸망의 삶입니다. 의인의 길은 인정받고, 악인의 길은 망합니다. 인정의 삶인 동시에 악인의 길은 멸망의 삶입니다. 심판대 앞에 두려워 서지도 못하고, 종국에 가서는 멸망하고 맙니다.

1. 마지막 날의 멸망

마지막 날 멸망합니다. 하나님의 심판은 엄연히 존재합니다. 하나님은 악인과 선인을 양과 염소로 구별하듯이 구별하십니다. 예복 입지 않는 자를 내어 쫓듯이 심판하십니다. 부자와 나사로의 이야기에서 심판의 그런 무서운 실상을 알 수가 있어요. 나사로는 천국 가고, 부자는 지옥이 너무 뜨거워서 손가락에서 물 찍어서 내 혓바닥에 좀 해주라 했습니다. 얼마나 힘들었으면 그랬을까요? 멸망입니다.

여러분, 우리가 불신자들을 무시하지는 맙시다. 그렇다고 부러워하지도 맙시다. 두려워하지도 맙시다.

2. 이 세상에서의 멸망

그래서 우리 인간의 삶이란 그렇습니다. 그래서 이 세상에서 이 악인들은 멸망합니다. 왜 뿌리가 없기 때문에, 평안이 없기 때문에, 소망이 없기 때문입니다. 우리의 하나님을 바탕으로 하지 아니하니까요.

(1) 뿌리가 없기 때문

뿌리가 없어요. 하루살이와 같습니다. 평안이 없어요. 그러나 우리는 뭡니까? 예수님은 너희는 마음에 걱정 근심하지 말라. 하나님을 믿으니 곧 나를 믿어라 하십니다.

(2) 평안이 없기 때문

"나의 평안을 너희에게 주노라"고 했습니다. 주님의 말씀이 얼마나 감사합니까? 우리도 늘 평안하다는 게 아니에요. 살아가면서 여러분 가슴에 막 열나고 할 때 있죠. 밤에 잠 안 올 때도 있어요. 그런 게 없는 사람은 믿음이 좋은 겁니까? 아니에요. 모자라는 거예요. 그런 사람은 모자라는 거예요. 사람이 마음에 진동을 하고, 갈등을 느끼고, 밤새도록 부득부득 이를 갈고, 소리 없는 총을 빵빵 쏠 때도 있고, 이제 그렇게 하지만은 나중에 그 고

비가 지나면 주께서 평안을 줍니다. 내 평안이 아니고 놀라운 하늘의 평화가 우리에게 임합니다.

(3) 소망이 없기 때문

소망이 없는데 우리는 하늘 소망을 가집니다. 하늘 소망을 가지고 우리가 이 땅에 살아갑니다. 우리가 이 땅에 살지라도 하늘의 소망을 안고 삽니다. 그래서 제가 시편을 '땅에서 부르는 하늘의 노래'라고 했습니다.

결론

이제 말씀을 정리합니다. 우리는 복 있는 삶과 불행의 삶을 대조해 봤습니다. 1절부터 3절까지는 복 있는 삶입니다. '아니하며 아니하며 아니하는' 부정의 삶입니다. 그 다음 2절은 긍정의 삶입니다. '여호와 율법을 즐거워하여 그 율법을 주야로 묵상하는 자로다'. 3절은 형통의 삶입니다. 손으로 하는 모든 일이 형통하리로다. 이것이 저와 여러분의 삶이 되기를 바랍니다.

복을 빌면 그 복이 나에게 옵니다. 축복하면 그 축복이 나에게 옵니다. 그래서 우리의 입술이 축복의 입술이 되어야 합니다.

복 받아라. 좋은 일이다. 애썼다. 굼벵이도 뒤집는 재주 있어요. 못하는 놈 보고 자꾸 못 한다고 윽박 질러보면 더 못 해버려요. "그래 잘한다. 그 정도면 잘한다. 1등이 있으면 2등도 있다."

그래서 오늘 시편 1편의 특징이 복 있는 사람입니다. 가장 큰 목표가 뭡니까? 복 있는 사람입니다. 성도 여러분, 복 있는 사람 되시기를 바랍니다. 사랑이 옆으로 흐르면 안 돼요. 강을 따라 흘러야 돼요. 복 있는 사람에 대해서 주께서 오늘날 이 본문을 통해서 교훈합니다.

여호와가 갑작스럽게 시의 마지막 행에 나옴으로 말미암아, 하나님에 대해 이전에는 이렇게 언급하지 않았다는 사실이 주목 받습니다. 두 가지 면에서 이것 역시 이 시편의 잠언 같은 풍조와 일치합니다. 한편으로 잠언서는 종종 하나님을 언급하지 않고서도 삶이 진행되는 방식을 묘사합니다(예를 들어 잠 1:8-19).

잠언서는 도덕적 삶과 비도덕적 삶이 보상받도록 삶이 진행된다는 확신을 전제하지만, 이제는 종종 하나님의 개입에 의해서가 아니라, 어떻게 삶이 진행되는지에 대해 세워진 내재적 과정에 따라 발생함을 의미합니다. 이것은 하나님이 관여하지 않으신다는 것을 의미하지는 않습니다. 잠언서 다른 곳에서 종종 하나님이 깊이 관여하심을 지적합니다. 하지만 하나님은 초자연적 개입뿐만 아니라 이런 내재적 과정을 통해 역사하십니다(예를 들어, 잠 1:8-19이 다루는 주제에 대해 잠 3:31-36).

잠언서 자체의 서론(잠 1:1-7)은 사실 시편의 서론의 역동성과 비슷한데, 마지막 행(잠 1:7)에서 여호와를 갑작스럽게 이야기할 때까지는 전적으로 통찰력과 옳은 행위를 말하고 있습니다. 잠언서의 풍조와의 연관성을 이렇게 추가로 지적함으로 말미암아, 5절의 법정이 하늘의 법정이라기보다는 사람의 법정이며, 그 배후에서 우리는 하나님의 활동을 볼 수 있음이 확증됩니다.

시편 1편과 잠언 1장은 실제적 통찰력, 신실한 삶, 종교적 헌신이 함께 가며 서로를 강화한다고 여깁니다. 이 가운데 어느 것도 서로 충돌하지 않습니다. 물론 두 본문이 강조하는 요점에는 삶이 항상 그런 식으로 작용하는 것은 아니라는 인식이 반영됩니다. 그런 이유에서 어디에 비추어 일상생활(잠언서에서)이나 예배와 기도(시편에서)를 고려해야 할지가 중요한 설득력이 있게 됩니다.

시편 1:6의 두 콜론은 다시 병행을 이루며, 2절에서의 "가르침"과 마찬가지로 "길"이 두 콜론에 나옵니다. 이 주제에 대한 강조는 이 주제가 또한 1절에서 이어 온다는 사실에서도 증대됩니다. 마찬가지로 "의인"과 "악인"이 5절에서부터 다시 나오지만, 그들의 운명이 대조됨을 상징하면서, 반대되는 순서로 나옵니다. 이것은 또한 "악인"이 5-6절과 주변과 4-6절 주변, 시편

1편 전체 주변을 둘러싸는 역할을 합니다. 6절은 적절히 시편 1편이 악인과 의인에 대한 강조를 미요하게 균형을 맞추는 것을 요약합니다.

만약 두 콜론이 반대 순서로 나왔다면, 이로 말미암아 이 시편을 전반적으로 의인을 긍정적으로 강조하는 것으로 볼 수 있겠지만, 있는 그대로 순서는 시편 1편이 확고하게 독자 앞에 두 가지 방법을 제시하는 방식에 기여합니다. 타동사의 분사와 자동사의 이크톨(yiqtol)은 한 무리의 삶을 목적어로 하는 구절이 되고, 다른 무리의 삶을 주어로 하는 구절이 되어 서로 보충합니다. 두 형태의 표현은 이런 식으로 하나님의 관여하심을 언급하는 것과 상황이 "자연스럽게" 일어나도록 하는 방식을 더 언급하는 것을 결합합니다.

이 시편은 하나님이 구체적으로 긍정적인 일에 직접 관여하심을 지적하는 반면에, 부정적인 일에는 단순히 저절로 진행된다고 지적합니다. 잠언 1-9장은 또한 직접 하나님을 부정적인 일과 관련시키지만(잠 3:33), 이 본문은 마찬가지로 부정적인 일을 자체로 진행된다고 묘사하는 경향이 있으며, 다른 곳에서는 사랑과 긍휼이 진노와 징벌보다 하나님의 마음에 더 가깝다는 확신을 유지하면서(예를 들어, 애 3:33), 하나님을 긍정적인 일과 관련시킵니다(예를 들어, 3:5-6, 26).

두 동사는 이 행에서 두 가지 새로운 단어들이며, 이는 동사들에 강조점을 둡니다. 한편으로는 여호와가 의인의 길을 인정하신다는 사실은 3절의 선언을 설명하거나 3절이 언급하는 현상에 대한 또 다른 수준의 설명을 제공합니다. 시편은 곧 왜 악인들이 번성하느냐는 질문을 제기하겠지만, 왜 의인이 번성하느냐는 질문으로 시작하고, 이것을 두 가지 면에서 설명합니다.

한 차원에서 이것은 단순히 실재가 원래 그렇다는 식입니다.

또 다른 차원에서 이것은 마치 왕이 자신의 종이 일을 인정하고 그 일이 보상받도록 하는 것과 마찬가지로, 여호와가 의인의 삶을 인정하시거나 인지하신다는 행위로 일어납니다.

그래서 우리는 '복 있는 사람'으로 인정받기 원합니다.

해석가들은 이 시편이 법적 직감을 지녔다고 판단했지만, 어거스틴조차도 "율법에 있는 것과 율법 아래 있는 것은 별개이다"라고 인정했습니다. 시편 1편은 암묵적 권유로서의 특성상 이어지는 내용에 대한 길을 준비합니다. 때로 시편이 독자들에게 여호와의 임재에 나아가고 여호와의 약속에 관해 주장하는 것은, 그들이 여호와의 기대에 부응하는 도덕적 삶과 사회적 삶을 사는가에 달렸음을 상기시킬 것입니다(예를 들어, 시 15편; 24편; 50편).

실제로 예배와 기도의 삶에 대한 전체 가르침은 이런 삶의 배경을 전제합니다. 시편 1편은 시편 자체를 올바른 삶에 대한 가르침으로 보도록 거의 권유하지 않습니다. 하지만 시편은 하나님이 악인과 도덕적 유랑자와 오만한 자들을 무너뜨리실 것이라는 기도를 실제로 강조합니다. 시편은 하나님이 이런 기도에 응답하실 것이라고 선언하고, 또한 하나님이 의인들에게 약속을 지키시도록 촉구합니다.

시편 1편은 간접적으로 독자들에게 신실함을 촉구하면서, 신실함이 없을 때는 그들의 기도가 효과가 있을 것이라고 기대할 수 없음을 교훈합니다. 여호와를 찬양하러 오거나 여호와에게서 도움을 구하기 전에, 그들은 자신들이 여호와의 가르침에 주의하는지 보아야만 합니다. 이런 특징이 부족한 예배는 여호와의 진노를 직면할 수도 있습니다(예를 들어, 시 95편).

사람들은 자신들과 여호와 사이의 약속 관계에서 자신들은 지켰다는 데 근거하여 도움을 호소하러 여호와께 옵니다(예를 들어 시 44편; 89편). 기도의 순간에는 그렇다고 확신하기에는 너무 늦을 것입니다. 그들은 시편을 읽고 예배와 기도에 들어가기 전에 그렇게 해야만 합니다. 최소한 이런 의미에서 시편 1편은 "시편이라는 집에 들어가는 주요 입구"입니다.

기도드립시다. 하나님 감사합니다. 우리로 하여금 복 있는 사람

되게 하시고, 하나님만 바라보고 살게 하시고, 하나님의 상 주심을 기대하게 하옵소서. 우리 교회가 복 있는 사람의 모임이 되게 하시고, 하늘 백성의 모임이 되게 하시고, 하늘 영광을 드러내는 귀한 교회 되게 하옵소서. 이 말씀을 통하여 우리에게 주신 하나님의 교훈을 가슴에 깊이 새겨 주 뜻대로 다가가는 저희가 되게 하옵소서. 예수님의 이름으로 감사 기도하옵나이다. 아멘.

시편설교 시리즈(1)

복 있는 사람

시편 1편 강해설교

2025년 9월 25일 초판 1쇄 인쇄
2025년 9월 30일 초판 1쇄 발행

지은이 | 김남식
펴낸이 | 황성연
펴낸곳 | 하늘기획

출판등록 | 제306-2008-17호
물류센타 | 경기도 파주시 광탄면 혜음로 883번길 39-32 (분수리)
주 문 처 | 하늘유통
전　 화 | (031)947-7777
팩　 스 | 0505-365-0691

ISBN 979-11-92082-32-5 03230

ⓒ 2025. 김남식 All rights reserved

※이 책은 저작권법에 의해 보호를 받는 저작물이므로
　무단전재 및 복제를 금합니다.
※잘못 만들어진 책은 구입하신 서점에서 바꾸어 드립니다.